Ingeborg Christel Spiess

Morgenstern

Die Seelenalter und die Neue Zeit

Ingeborg Christel Spiess

MORGENSTERN
Die Seelenalter und die Neue Zeit

ch. falk-verlag

Erstveröffentlichung
© by Ch. Falk-Verlag 1999
   Ischl 11
   83370 Seeon
   Tel. 0 86 67/14 13 · Fax 0 86 67/14 17

Titelbild: Nicholas Roerich, 1874 – 1947,
„Star of the Morning"
Nicholas Roerich Museum, New York

Umschlaggestaltung: Josef Nysten-Riess

Satz: F. Steinmeier, Nördlingen
Druck: F. Steinmeier, Nördlingen

Printed in Germany
ISBN 3-89568-065-6

„In der Schönheit sind wir vereinigt,
durch Schönheit beten wir,
mit Schönheit siegen wir"

Nicholas Roerich

Inhalt

Vorwort

Schon als Kind wußte ich, daß es alte und junge Seelen gibt, und auch wenn ich damals noch nicht genau erklären konnte, was es mit den Seelenaltern so auf sich hat, wußte ich doch, daß alte Seelen durch viele Inkarnationserfahrungen hindurchgegangen sind und junge Seelen noch nicht so viele Leben hinter sich haben. Ich wußte auch, daß alte Seelen ein feineres Aussehen und Benehmen haben als jüngere und daß sie viele Traurigkeiten, aber auch ein großes kosmisches Wissen mit sich herumtragen, die eben aus den vielen Inkarnationserfahrungen resultieren, und daß sie sich nie so richtig heimisch auf unserer jetzigen „Mutter Erde" fühlen können, weil sie nicht mehr so schön ist wie früher, als sie noch nicht so viele schmerzhafte Verluste durch unsere zunehmende Umweltzerstörung hinnehmen mußte. Ich wußte auch, daß wir vor langer, langer Zeit noch mit den Meistern des Himmels in Kontakt standen, und ich sah, daß bestimmte – jüngere – Seelen nicht so an Glanz und Schönheit, an der Natur, an Philosophie und Religion und Musik und anderen Künsten interessiert waren wie die alten, und ich empfand auch ganz tief in meinem Innern, daß wir – die alten Seelen – stille gewordene, in die Ecke (Nische) getriebene Seelen waren. Kurzum, ich fühlte mich überhaupt nicht der Gesellschaft zugehörig, in die ich hineingeboren worden war, und das war nicht nur dadurch bedingt, daß ich von meinem inneren Reichtum nichts erzählen, ihn nicht ausleben und schulen lassen konnte, sondern auch dadurch, daß ich ein Nachkriegskind war und dieser Umstand mich dazu zwang, mit Ekel und Abscheu die Kriegsspiele der Männer und deren Folgen wahrzunehmen, die auch heute noch immer eine Bedrohung sind und sich in unserer Industriegesellschaft z.T. nur in die Arbeitswelt verlagert haben. Heute wird nun auch noch zusätzlich unserer Mutter Erde der Krieg erklärt. Auch das hat mit den Seelenaltern zu tun, denn alte Seelen brauchen keine Kriege mehr, weil sie ihre inneren Kriege bereits besiegt haben und die Mutter Erde über alles lieben.

Trotzdem, ich hatte auch Glück. Ich durfte als Kind direkt an einem Dom aufwachsen, der mehr als mein Lieblingsort sein sollte. Er bot mir die spirituelle Heimstatt, die ich als alte Seele so dringend benötigte, um mich von dort aus mit den Meistern des Himmels zu verbinden und bei ihnen meine Sorgen abzuladen, die nicht wenige waren, weil ich – wie schon gesagt – ein Nachkriegskind war und damit auch den Zerfall meiner Familie nebst Tod von Angehörigen zu ertragen hatte.

Ich bin sicher, in dieser Beschreibung meines Lebens werden sich viele Leser wiederfinden, die auch als alte Seelen irgendwo einen spirituellen Rahmen zum Leben benötigten. Für einige wird es auch ein Dom gewesen sein, für andere aber vielleicht ein Baum, eine Wiese, ein Hügel oder irgendeine heilige Ecke auf dem Dachboden, wo sie sich verkriechen und mit dem Himmel in Beziehung treten konnten. Aber so viel hat sich seitdem nicht geändert: In meiner Naturheilpraxis konnte ich viele Kinder kennenlernen, denen es als alte Seelen ähnlich geht; die sich auch ihre Nischen irgendwo suchen müssen, damit ihr spirituelles Bewußtsein (heute in einer noch lauter und schneller gewordenen Gesellschaft) nicht verkümmert. Nur wenige haben das Glück – auch wenn ihre Anzahl schon größer geworden ist – Eltern mit einem alten Seelenwissen zu haben, die sich den gesellschaftlichen Normen nicht unterordnen und sich ihrer Funktion als geistige Lehrer bewußt sind. – Und natürlich kann ich mich in meiner Naturheilpraxis glücklich schätzen, solche Eltern eher kennenzulernen als in einer „Normalpraxis".

In mein Leben flochten sich immer wieder Gedanken über Seelenalter ein. Das war natürlicherweise so, denn ich lebte in mehreren Welten gleichzeitig. In der „Hierwelt" und in der „Anderswelt" und in meinen „vergangenen Reinkarnationserfahrungen", und ständig hatte ich sie unter einen Hut zu bringen. Aber eigentlich war das nicht besonders schwer. Schwer war es nur, daß ich mit niemandem darüber reden konnte. Aber hin und wieder übermannten mich doch einmal meine Gefühle, wenn ich mit Erinnerungen konfrontiert wurde, die zu stark waren, wofür das nachstehende Beispiel steht:

Mit etwa acht Jahren bekamen wir einen Schulfilm in unserem einzigen örtlichen Kino über die Maya-Kultur zu sehen. Ich war damals sehr aufgeregt, denn, völlig unvorbereitet, konnte ich mich daran erinnern, dort schon einmal gelebt zu haben, und als ich eine bestimmte Tempelanlage sah, mußte ich ständig auf meinem Kinositz hin- und herspringen. Ich zupfte meiner damaligen Freundin vor Aufregung und Glück fast den ganzen Ärmel ihres Kleides kaputt. Überwältigt von meinen Gefühlen, wiederholte ich immer wieder: „Das da kenne ich, da habe ich schon gelebt." Auch wenn meine Freundin meinen Ausbruch damals nicht kommentierte, so war sie aber überhaupt nicht überrascht und zweifelte auch mit keiner Miene an meiner Aussage, was mich glauben ließ, daß auch sie bereits mehr wußte; vielleicht sah sie nicht alles so wie ich, aber sicher hatte auch sie ein bestimmtes inneres Wissen über diese Dinge und schwieg nur darüber, weil auch sie es nie gelernt hatte, darüber zu reden. Aber vielleicht wußte sie sogar mehr als ich. Wer weiß.

Das nächste Beispiel steht dafür, daß uns zur Bestätigung unseres Wissens auch immer mal wieder Hilfen zukommen: Mit vierzehn Jahren wurde ich von einem indischen Lehrer in meinem Internat im indischen Tanz ausgebildet (ich war die Einzige, die daran wirklich interessiert war), und ich kann kaum vermitteln, wie glücklich ich war, als er mir eines Abends sagte: "Weißt du, bei uns in Indien sagt man, daß jemand in einem Leben etwas besonders liebt, schnell lernt und gut kann, wenn er oder sie ein Wissen um diese Dinge bereits aus anderen Leben mitgebracht hat." Ich war überglücklich, denn endlich, endlich, sprach jemand von sich aus darüber, daß wir wiedergeborene Wesen sind; daß ich in Indien mehrmals gelebt hatte, das wußte ich. Am liebsten hätte ich ihn so überschwenglich und dankbar umarmt, wie ich mich fühlte; was ich natürlich nicht durfte, weil er ja mein Lehrer war. An diesem Abend schlief ich besonders fröhlich ein, denn durch seine Aussage fand ich nun auch indirekt bestätigt, daß ich in meinen Vorleben mehrmals in Frankreich gelebt hatte, weil ich, seit ich denken kann, immer dann, wenn ich mit mir allein war, in französischer Sprache dachte und französische Lieder sang und mich auch an Situationen dort erinnern konnte.

Wenn ich darüber nachdachte, was die Unterschiedlichkeit von Seelenaltern ausmacht, dann dämmerte mir auch schon, daß es irgendwelche Menschen in einem mittleren Seelenalter geben mußte. Aber zu einer konkreten Antwort auf diese Fragen kam ich nie. Alles blieb irgendwie im Diffusen stecken. Auch wenn sich die Fragen in mir auftürmten, so konnten sie nie weitergedacht werden und zu einer Klarheit gelangen, weil sie nicht gestellt werden durften. Man hätte mich als Außenseiter abgestempelt, wenn ich meine Gedanken und mein altes Wissen preisgegeben hätte (was man ja sowieso schon als alte Seele ist, das hätte die Situation nur verschlechtert). Selbst wenn es einen Wissenden in der Umgebung gegeben hätte, so konnte man ihn nicht befragen, denn hätte er sich „geoutet", wäre er schnell als „psychisch krank" und „verantwortungslos" abgestempelt worden, wenn er mir kleinem Mädchen meine „Flausen" auch noch bestätigt hätte. Gab es religiöse Menschen, die ich dazu gern befragt hätte, so hatten sie ihr Wissen über Seelenalter und Reinkarnation bereits auf dem Altar des Christentums geopfert, das Wiedergeburten für den normalen Menschen ausschließt.

Es schien nicht so viele Menschen zu geben, die wie ich andere Fragen hatten und ein Bedürfnis, diese auch beantwortet zu bekommen.

In den letzten Jahren war von den „Seelenaltern" schon mehr zu hören. Zumindest konnten mir nun die meisten Menschen sagen, ob sie eine alte oder junge Seele sind, und manchmal sagten einige auch, daß sie eine Seele im mittleren Alter seien, und sie fanden auch meine Fragen dazu nicht mehr merkwürdig. Ich spielte also noch immer – vornehmlich in meiner Praxis – mit den „Seelenaltern" herum. Trotzdem fand ich immer noch keine Lösung dafür, in welchen Abstufungen sich Seelen zu entwickeln haben, bis sie eines Tages – alt und weise geworden – für immer zu ihrer Seelenfamilie zurückkehren dürfen. Daß das so geschehen mußte, daß es einen kosmischen *Familienverband* gibt, das wußte ich aber deutlich.

Über Seelenalter hörte ich das erste Mal auf einem Seminar bei Laeh Maggie Garfield, einer amerikanischen Schamanin, die ich aufsuchte, weil ich mich gerade selbst in der kosmischen Einweihung zur Schamanin befand. Ich war damals überrascht, nach so vielen Jahren endlich auf meine brennenden Fragen eine Antwort zu bekommen.

Laeh verglich die Entwicklung der Seele mit der Entwicklung der einzelnen Chakren, vom ersten bis zum siebten Chakra. Ich begriff nun deutlich, warum man einer jungen Seele, die ihr erstes Chakra noch erst ausbilden muß, noch nicht so viel wie einer alten Seele zumuten kann, die bereits alle ihre sieben Chakren entwickelt hat und die nun regelrecht danach hungert, die höheren – nicht mehr körperlichen – Chakren auszubilden bzw. nun vom „himmlischen Wissen" zu lernen. Und ich begriff auch, daß man sich davor hüten sollte – oder nur sehr vorsichtig darangehen sollte –, seine spirituellen Geheimnisse über die Seelenalter und andere kosmische Weisheiten bei den jüngeren und mittelalten Seelen preiszugeben, die sich dabei unwohl fühlen, wenn sie von diesen Themen hören; insbesondere dann, wenn sie in einer Gesellschaft aufgewachsen sind, die so „realistisch" ist (was für mich nur „dreidimensional denkend" bedeutet).

Dann konnte ich in dem Buch „Archetypen der Seele" von Varda Hasselmann und Frank Schmolke, Goldmann Verlag, eine etwas andere Auslegung über Seelenalter lesen. Die Quelle, die Varda Hasselmann channelte, hat die Seelenalter in fünf Zyklen eingeteilt.

Heute weiß ich, warum ich so frühzeitig in meinem Leben so neugierig auf dieses Thema war: weil meine, mich geistig führende „Mutter Meisterführerin" nur darauf wartete, daß ich ihr für dieses Buch über Seelenalter eines Tages zur Verfügung stehen konnte. Um das aber zu können, dafür mußte ich mich mit dem Thema immer wieder beschäftigen, aber auch erst noch meine schamanische Ausbildung durchlaufen und das Channeln erst erlernen.

Seitdem habe ich aber etwas ganz genau begriffen, nämlich daß die Antworten von unseren Fragen immer schon bereitliegen; daß von uns nichts erfunden werden, sondern alles nur (wieder-)gefunden werden kann, daß wir aber immer erst eine gewisse Bewußtseinsstufe erreicht haben müssen, bevor wir die Fragen dazu formulieren können.

Als ich das Buch zu channeln begann, wußte ich nur diffus, daß es um Seelenalter gehen sollte. Aber in welchem Kontext die Seelenalter für die gerade begonnene NEUE ZEIT stehen und warum das Wissen über sie nun für alle Menschen so wichtig ist, das überraschte mich doch sehr und war wirklich völlig neu für mich. Und ich fand bestätigt, was ich auch bei Varda Hasselmann und Frank Schmolke schon gelesen hatte, daß die Seelenalter nicht nur für uns selbst, sondern für die jeweilige Struktur einer Kultur eine Rolle spielen, daß sie eine weltlich/soziologische Bedeutung haben. Wie eine Gesellschaft strukturiert ist, wieviel Verantwortung sie übernimmt und wie heilig sie sich verhält, hängt ganz erheblich von dem prozentualen Anteil der einzelnen Seelenalter ab, die in ihr zu leben gekommen sind.

Neu aber ist, daß wir heute alle die einzelnen Seelenalter in Bewußtheit zu unterscheiden lernen sollen, damit wir verstehen, daß die jungen und mittelalten Seelen die Welt noch nicht anführen können und dürfen, und wir sollen auch verstehen lernen, daß die Alten und Alten Weisen Seelen jetzt endlich aufwachen müssen, um mit ihrem alten Seelenwissen die „Mutter Erde" in eine Heilung zu führen, die so schrecklich ausgelaugt ist. Dafür sind auch insbesondere diejenigen Alten und Alten Weisen Seelen gedacht, die kosmisch bereits eine Ausbildung zur „Mutter"- und zum „Vater der Welt" erhalten haben.

In den *Stanzen des Agni Yoga*, niedergeschrieben von der Mystikerin Helena Iwanowna Roerich, der Frau des Malers Nicholas Roerich, von dem auch das Titelbild „MORGENSTERN" stammt, zu dem ich von meiner göttlichen Mutter während des Schreibens an diesem Buch hingeführt wurde, bekam ich – auch während des Schreibens – immer wieder die Strophen zu Gesicht, die bereits zu Anfang dieses Jahrhunderts von den „Müttern der Welt" verkündeten, die in der NEUEN ZEIT („NEUE WELT" war ihr Wort dafür) eine tragende Rolle zur Erhaltung des Friedens und der Wiederkehr des Weiblichen spielen werden. Nun ist diese NEUE ZEIT da und damit der Aufruf an diese „Mütter der Welt", aber auch an die „Väter der Welt", die sich einmal vor langer Zeit dazu bereiterklärt haben, diese tragende Rolle zu übernehmen.

Wer ist die Mutter Meisterführerin?

Ich sah sie das erste Mal, als ich mich in der Mitte meiner schamanischen Einweihung befand und noch gar nicht wußte, daß auch ich eine Schamanin werden sollte. Ich war völlig verzweifelt, denn es war eine schwere Zeit. Ich hatte unter lebensbedrohenden körperlichen Erscheinungen und Besetzungszuständen zu leiden, und ich wußte wirklich nicht mehr ein noch aus, um mich von allem zu befreien. An einem Tag, an dem ich mich besonders vom Kosmos „geprügelt" fand, rief ich eine Hamburger Schamanin an und bat sie, mir zu helfen. Beim Trommeln, bzw. dem Versuch des Wegtrommelns der mich stark beängstigenden männlichen Wesenheit sah ich sie das erste Mal, eine orientalisch aussehende, wunderschöne, lavendelblaue Gestalt mit einer Tiara auf dem Kopf als Sinnbild ihrer kosmischen Würde. Sie sagte mir damals ihren wahren Namen. Jedoch nenne ich sie nur „Mutter Meisterführerin" und weiß auch, daß das so richtig ist, weil sie als „göttliche Mutter" religionsübergreifend in der NEUEN ZEIT wirken will und dadurch mit ihrer „Namenlosigkeit" (oder besser gesagt, mit ihrem kosmischen Titel) für alle Gebiete auf der Erde die „Mutter Meisterführerin" sein kann. Das finde ich sehr schön, weil es in der jetzt begonnenen NEUEN ZEIT wirklich nicht mehr darauf ankommt, irgendwelchen religiösen und spirituellen Gruppierungen zu dienen, sondern darauf, daß wir uns alle – egal welcher geistigen Coleur wir auch entstammen – zusammenschließen, um unsere Arbeit am Frieden und für die „Mutter Erde" leisten zu können. Ihr ist es dafür wichtig, daß wir uns nun alle – aber insbesondere die Alten und Alten Weisen Seelen und diejenigen unter ihnen, die bereits als „Mütter der Welt" und „Väter der Welt" ausgesucht und ausgebildet wurden – auf unsere alten, bereits erworbenen und in uns angelegten Kräfte besinnen sollen, um die Welt zu verändern und vor allem der „Mutter Erde" zu helfen. Vielleicht kommt es eines Tages dazu, daß ihr Name doch noch wichtig wird, aber zur Zeit ist es noch nicht soweit.

Vielen Lesern wird es so ergehen wie mir, wenn sie die Zeilen meiner mich geistig führenden und schulenden Mutter lesen. Sie werden in großer Freude darüber sein, endlich als Alte und Alte Weise Seelen angesprochen zu werden, aber sie werden vielleicht auch Angst und Verzagtheit darüber spüren, daß sie jetzt darauf vorbereitet werden, aufzuwachen für die Arbeit an der NEUEN ZEIT, und daß es dafür kein Zurück mehr gibt. Es werden aber insbesondere die „Mütter"- und „Väter der Welt" sein, die die Freude, aber auch den Druck noch mehr zu spüren bekommen, da sie mit ihrer besonderen Aufgabe nun nicht weiter im Verborgenen versteckt bleiben dürfen und aus ihren Nischen hervorkommen müssen, die ihnen bis jetzt eine relative Sicherheit und Ruhe geboten haben (diejenigen, die das sind und den Imprint dafür tragen, die werden das schon schnell wissen, und manche von ihnen wissen das auch schon). Aber selbst wenn die Angesprochenen die Zeilen meiner Mutter Meisterführerin lesen, so heißt das noch nicht, daß sie ad hoc wissen werden, wie sie das bewerkstelligen können. Auch ich war nach Fertigstellung dieses Buches völlig verzagt, obwohl meine göttliche Mutter mir: „Du machst das!" und „Sieh nicht immer auf deine Schwächen, sehe dir lieber deine Stärken an!" zugerufen hatte. (Doch jetzt liegt dem Verlag auch schon MORGENSTERN II vor, das auch von meiner Mutter Meisterführerin, aber auch von den „Hütern der Erde" diktiert wurde und das nachfolgend erscheinen wird und uns weiter auf unserem Weg begleiten und schulen wird, was ich sehr tröstlich finde). Dieses Buch MORGENSTERN soll vorerst ganz eindeutig als Einstieg in diese Thematik gelten, damit wir unsere soziologischen Strukturen aus spiritueller Sicht, durch das Wissen über die Seelenalter, besser verstehen lernen und auch den Aufruf an die Alten und Alten Weisen Seelen und die „Mütter"- und „Väter der Welt" für die gemeinsame Aufgabe an und in der NEUEN ZEIT begreifen und damit annehmen können.

Die Mutter Meisterführerin sagt für dieses Buch, daß unsere Seelen jetzt noch schlafen, es aber bereits kurz vor fünf Uhr morgens ist und der Wecker in uns – unser kosmischer Imprint – nun schon bald klingeln wird, und daß wir dann schon gemeinsam wissen werden, was wir tun müssen, um als Alte und Alte Weise Seelen und „Mütter"- und „Väter der Welt" die Verantwortung für die Welt zu übernehmen und der „Mutter Erde" zu helfen, die durch unsere Benutzung so ausgelaugt ist wie noch nie. Die Tatsache, daß es sich unsere Erde mit der Urschöpfung zusammen einmal zur Aufgabe gemacht hat, unseren Seelen zur Vervollkommnung durch alle Seelenalterszyklen hindurch eine Heimstatt zu geben, hat mich am betroffendsten gemacht und mir nicht nur ihre große Liebe für uns vor Augen geführt, sondern mir auch verdeutlicht, was es für ihre eigene Seelenentwicklung bedeutet, wenn sie dieser Aufgabe nicht mehr nachkommen kann, denn auch die Erde durchläuft für ihre eigene Seelenentwicklung Seelenalterszyklen.

Es gibt nur noch wenige Menschen, die von sich sagen können, daß es ihnen gut geht. Die meisten von uns rasen nur noch durchs Leben, um sich wacker durchzubeißen und um irgendwie zu überleben. Millionen Menschen haben kein richtiges Zuhause mehr. Es scheint so, als ob unser

Tempo täglich erhöht wird, und das kommt nicht nur daher, daß sich Sonnensysteme einander annähern und dadurch eine Beschleunigung erreicht wird, sondern vor allem dadurch, daß unsere männlich geprägten Gesellschaftsstrukturen – die vornehmlich von den mittelalten Seelen gemacht werden – uns eine bestimmte Lebensart vorschreiben. Allein um das zu erkennen, ist das Wissen um die Seelenalter ganz wunderbar, denn nun können wir unsere gesellschaftlichen Strukturen aus einem soziologisch/kosmischen Wissen heraus anschauen und damit neue und bessere Lösungen für sie erarbeiten. Wir können die verhärteten Strukturen aufweichen und verändern helfen, und damit auch endlich der Menschheit und der Erde und allen Bewußtseinen auf ihr, wie den Pflanzen, den Tieren, den Mineralreichen, aber auch den Feen und Devareichen u.a. wieder mehr heilend dienen. Wir stehen alle wirklich an einem „point of no return", wenn wir nicht unser altes Wissen zulassen und endlich sprechen und uns erinnern, wie es war, als wir – und das haben wir alte Seelen schon vielfach durchmachen müssen – das Ende einer Kultur miterlebt haben und wieder von vorne anfangen mußten. Dieses Mal setzen sich unsere Meister dafür ein, daß es nicht so schlimm kommen muß, wenn wir nur wieder von ihnen lernen wollen. Sie haben mir das auch mehrfach privat deutlich gemacht und zu erkennen gegeben, daß sie uns helfen wollen, weil heute bereits immer mehr Menschen mit ihnen durch die verschiedensten meditativen Techniken in Verbindung treten und sie als Lehrer anerkennen. So war das auch einmal vor langer, langer Zeit in den kulturellen Hochzeiten von Atlantis oder noch davor, in Lemuria, als alle Menschen noch ganz selbstverständlich die Meister des Himmels befragen konnten und viele Meister noch unter uns lebten und sie von uns gewürdigt und geliebt wurden.

Dahin sollen wir wieder kommen, auch das ist eine Aufgabe für die NEUE ZEIT.

Ich übergebe jetzt das Wort meiner Mutter Meisterführerin, einer wirklich großen Soziologin, und ich danke ihr für ihr Vertrauen und ihre Liebe, die man trotz ihres kritischen Appels für die NEUE ZEIT auch immer hinter jedem Wort spüren kann, und ich danke ihr auch dafür, daß ich eine Mittlerin für die NEUE ZEIT, und damit ihre Schülerin, sein darf.

Danke!

I. Chr. Spiess

TEIL I
EINFÜHRUNG

Für die Menschen beginnt eine NEUE ZEIT.

Sie sind aufgefordert, sich den Dingen zu stellen, die sie mit der Erde getan haben.

Wir nennen das neue Zeitalter das **Zeitalter des Friedens.**

Doch wir wissen, daß der Übergang zu diesem Zeitalter ein sehr schwieriger ist.

Wenn das Zeitalter der NEUEN ZEIT – der jetzt bereits angebrochenen Zeit – ein Zeitalter des Friedens werden soll, dann müssen sich alle Seelen aufmachen, um Neuland zu betreten.

Darum ist es so wichtig für euch, zu verstehen, warum die Seelenaltersbestimmung jetzt für die Menschen so bedeutungsvoll ist.

Analog zu den verschiedenen Altersstufen in eurem Erdenleben, in denen ihr euch von einem Baby zu einem Kleinkind, dann zu einem Jugendlichen und Erwachsenen, danach zu einem reifen Menschen und danach erst zu einem alten und alten weisen Menschen entwickeln dürft, entwickelt sich auch eure Seele in diesen sieben Zyklen, weshalb auch die Seelenalter eingeteilt sind in die:

Babyseele
Kindseele
Jugendseele
Erwachsenenseele
Reife Seele
Alte Seele und
Alte Weise Seele

Eine Alte Weise Seele zu sein, geht nicht analog einher mit dem Lebensalter eines Menschen auf der Erde. Ein physisch alter Mensch kann eine noch sehr junge und ein junger Mensch kann eine Alte Weise Seele sein.

Die Seelenalter sind in ihrer Unterschiedlichkeit nötig, um eine Alte Weise Seele werden zu können. Sie sind aber auch in ihrer Unterschiedlichkeit wichtig, um von den anderen Seelen zu lernen, denn hätten alle Menschen dasselbe Seelenalter, würden sie zwar wissen, wie man mit seinesgleichen umgeht, aber sie würden die Unterschiede nicht sehen lernen. Sie würden nicht wissen, was es heißt, alt an Erfahrungen werden zu müssen, um den Jüngeren aufzuzeigen, wohin auch sie sich eines Tages zu entwickeln haben. Diese Unterschiede tragen also ganz erheblich zur Beschleunigung eurer Evolution bei, die ihr ja auch in jedem eurer einzelnen Leben immer wieder zu durchlaufen habt.

Da ihr die Erde – insbesondere in den letzten beiden Jahrhunderten – durch euer umweltvernichtendes Verhalten bereits sehr tief geschädigt habt, ist das Abkommen, das sie als „Mutter Erde" mit den Schöpfern vor vielen Jahrtausenden getroffen hat, nämlich allen Seelen auf ihr die Möglichkeit zu bieten, als eingekörperte Wesen ihre Entwicklungszyklen zu durchlaufen, um danach mit ihrem Wissen und ihrem Erfahrungsschatz wieder für immer in ihren Seelenfamilienverband im innerkosmischen Raum zurückkehren zu können, nicht mehr gewährleistet.

Deshalb ist es so, daß bereits alle Seelen inkarnieren mußten, um in möglichst kurzer Zeit doch noch zu einer Alten Weisen Seelen-Reife gelangen zu können.

Das erfordert von den heute noch sehr jungen Seelen (der Babyseele, der Kindseele und der Jugendseele insbesondere) eine beschleunigte Entwicklung, die sie kaum aushalten können und die bei ihnen eine große Verwirrtheit hervorruft.

Aber auch so, wie ihr eure Seele durch die Durchgänge eurer Seelenalterszyklen entwickeln dürft, entwickeln sich auch andere Bewußtseine – und auch der gesamte Kosmos geht immer wieder in einen anderen Entwicklungszyklus über.

Wir haben dieses Buch MORGENSTERN getauft, weil dieser Titel am treffendsten beschreibt, an welcher Stelle dieses neuen Entwicklungszyklus' der NEUEN ZEIT ihr euch gerade befindet.

Da ihr den Morgenstern am frühen Morgen am Himmel erkennen könnt, soll der Titel euch auch zeigen, daß ihr euch bereits im frühen Morgen dieses Entwicklungszyklus befindet. Da der Morgenstern, die Venus, ein weiblicher Planet ist, soll euch das außerdem zeigen, daß dieser Zyklus insbesondere eine weibliche Energie haben wird bzw. von einer weiblichen, mütterlichen Energie getragen werden soll.

Alle Entwicklungszyklen im Kosmos gingen – und gehen – immer mit einer bestimmten Schwingung einher, die die Schöpfer des Universums bestimmen und hervorrufen. Kommt es zu einer Veränderung eines Zyklus mit einer Anhebung der kosmischen Bewußtseinsreife, dann verändert sich auch die Frequenz der Schwingung immer zu einer feinstofflicheren Schwingung.

Es ist uns wichtig, euch zu erklären, daß es nicht nur euch abgefordert wird, euer Bewußtsein zu erhöhen, sondern daß dieser Prozeß gleichzeitig auch immer alle anderen Bewußtseinsebenen mit erfaßt. Auch wir Meisterführer gehen gerade analog mit euch durch diese Anhebung und sind deshalb als Mittler zwischen den höheren und den niedrigeren Ebenen daran interessiert, daß ihr mitwachst und euer eigentliches Entwicklungsziel versteht.

Ein großes Ziel dieses gerade begonnenen neuen Entwicklungszyklus' ist es, daß sich die vielen verschiedenen Bewußtseinsebenen, die es im innerkosmischen Raum gibt und die ihr zumeist nicht auf eurer mentalen Bewußtseinsebene wahrnehmen könnt, nun annähern sollen. Das ist wichtig, damit ihr versteht, daß ihr nicht allein seid und daß es einen Sinn und Zweck für euer jetziges Leben und den Durchlauf eurer vielen Inkarnationen gibt. Das heißt praktisch für euch, daß der

Schleier, der euch bis jetzt in einem großen Maße von unseren Ebenen getrennt hat, nun immer durchlässiger werden wird. Damit zu leben und umzugehen, ist neben der Friedensaufgabe, die wir euch stellen, die nächst größere Aufgabe für die NEUE ZEIT, die von euch bewältigt werden muß.

Wenn der Kontakt zu uns über die Hellsichtigkeit oder Hellhörigkeit früher (in den letzten Jahrtausenden, nicht aber in den kulturellen Hochzeiten von Atlantis oder Lemuria, da konnten noch alle mit uns in Verbindung treten) nur den Alten und den Alten Weisen Seelen vorbehalten war, so ist es heute so, daß sich nun auch wieder die noch sehr jungen Seelen damit auseinandersetzen müssen. Da sie aber von ihrer Seelenreife dafür noch nicht oder nur kaum vorbereitet sind, macht uns das große Sorgen, denn ihr werdet nun mit euren physischen Augen nicht nur uns, sondern auch noch andere Bewußtseinsebenen erkennen können. Diese zusätzliche Durchlässigkeit des Schleiers wird bei vielen von euch eine Verwirrung hervorrufen, die wir als spirituelle Krise einstufen, die ihr dann aber in vielen Fällen als geistige Erkrankung bezeichnen werdet. Das passiert bei euch bereits, wenn Menschen von außerirdischen Besuchern berichten, wenn ihr diese Erfahrungen pathologisiert oder im besten Fall darüber lächelt.

Wenn ihr auch immer die Frequenzerhöhungen, die mit einem Übergang von einem Entwicklungszyklus in einen anderen einhergingen, gut überstanden habt, weil ihr durch eure Inkarnationen und unsere Lehren im innerkosmischen Raum darauf vorbereitet wurdet, so habt ihr diesem Wachstumsstress, der ja trotzdem immer damit verbunden war, in der heutigen Zeit noch einen weiteren hinzugefügt, der durch eure Ausbeutung und Nichtachtung eurer Mutter Erde stattfindet.

Ihr habt auf der Erde mittlerweile so schlechte Bedingungen geschaffen, daß sich nun alle Seelen beeilen mußten, noch zu inkarnieren, um ihren

Weg durch die Seelenentwicklungszyklen doch noch vollständig durchlaufen zu können. Dadurch habt ihr wiederum zu einer Bevölkerungsexplosion beigetragen, die der Mutter Erde und somit auch euch ein weiteres Problem zufügt. Eure Seelen und Körper haben sich insbesondere in den letzten beiden Jahrhunderten in einer sehr dürftigen Zeit entwickeln müssen. Ihr habt es wirklich nicht sehr leicht. Und das gilt es zu überwinden. Ihr könnt euch nur helfen, wenn ihr die Ursachen aller eurer Probleme auf einer multidimensionalen Ebene anschaut und erkennt. Dazu müßt ihr aber verstehen lernen, daß eure Mutter Erde ein Lebewesen ist, das sich – wie eure Mütter für euch – zur Verfügung gestellt hat, eure Seelen im eingekörperten Zustand auf sich wachsen zu lassen; aber das nicht nur einmal, sondern vielzählige Male (deshalb bezeichnen wir sie auch als „große Mutter").

Eurer Mutter Erde geht es wirklich sehr schlecht, weil ihr wie kleine ungezogene Kinder nicht sehen wollt, daß auch sie als Mutter ein Anrecht darauf hat, sich zu erholen und sich selbst gut zu fühlen, und darum auch eure Liebe zurückerhalten muß, indem ihr für sie sorgt.

Deshalb werden die Menschen nun lernen müssen, den Mitbürgern in diesem Entwicklungszyklus zu folgen, die von der Welt durch ihre Reinkarnationsabläufe viel verstehen und die Erde lieben gelernt haben und sie als einen lebendigen Organismus begreifen. Das sind die Alten und Alten Weisen Seelen, die sich zur Verfügung gestellt haben, der Welt insgesamt – wie ein Maler mit einem sicheren Pinselstrich sein Bild verbessert – ein neues Gesicht zu geben. Diese alten Seelen nennen wir Lichtarbeiter (viele von euch fühlen sich bereits davon angesprochen und wissen, das sie es sind). Sie haben schon in alten Kulturen als Priester und Schamanen gelebt und haben sich so in der Schule des Lebens durch ihre Reinkarnationsabläufe qualifiziert, um jetzt in der NEUEN ZEIT den Menschen zu erklären, daß sie die Welt so erschaffen können, wie sie es wollen (im Guten wie im Schlechten!).

Wenn diese Menschen von uns ein Zeichen bekommen, werden sie aus ihrem inneren Wissen heraus erkennen, was zu tun ist. Doch noch ist es nicht ganz soweit.

Die Alten und Alten Weisen Seelen haben ihre größte Entwicklung bereits hinter sich, und sie hatten mehr Zeit und andere Umstände, um sich zu entwickeln, als die heutigen jüngeren Seelen, die erst vor ein paar Jahrhunderten ausgeschüttet wurden. Auch wenn die Umstände, in denen die Alten und Alten Weisen Seelen zu leben kamen – wie in den alten Kulturen der Ägypter und Mayas z.B. – nicht immer leicht für sie zu meistern gewesen waren, hatten sie doch immer die Gelegenheit gehabt, von den weiseren Seelen zu lernen, die sich damals dafür bereiterklärt hatten, von ihrem Ahnenwissen abzugeben, und die dafür als Lehrer auch noch geschätzt wurden. Noch nie in der Entwicklung der Menschheit wurden die weiterentwickelten Seelen so geringgeschätzt und in die Nischen abgedrängt wie bei euch heute, und noch nie konnten deshalb die jungen Seelen so wenig von ihnen lernen und sie auch zu schätzen lernen.

Da sich heute mehr junge als alte Seelen auf der Erde befinden, die die alten Seelen nicht mehr zu würdigen wissen, müssen sich die Alte Seele und die Alte Weise Seele in die Nischen begeben, die für sie ein Überleben garantieren. Aber sie verarmen dort, weil sie zu jeder Zeit wissen, daß sie mit ihrem Seelenreichtum eigentlich dringend gebraucht werden, um all die schrecklichen Dinge zu heilen, die euer Leben so schwer machen.

Doch diese Zeit ist bald vorüber.

Für euch ist vorgesorgt.

So wie eure Computer alle darauf vorprogrammiert wären, daß ab dem Jahr 2000 und x und an einem bestimmten Tag und zu einer bestimmten Stunde nur noch altes Wissen zugelassen wird, werden die Alten und Alten Weisen Seelen dann aus ihren Nischen kommen und erzählen, wie es zu ihren Zeiten war, als ihre Seele zu reifen lernte, um alt und weise werden zu können. Und so wie die kleinen Kinder bei euch an den Lippen einer Märchenerzählerin oder eines Märchenerzählers hängen, so werden die jetzt noch jungen Seelen dann an den Lippen dieser Alten und Alten Weisen Seelen hängen, weil sie plötzlich verstehen, daß die Menschheit ins Chaos steuert, wenn sie es zuläßt, daß die Kinder und noch nicht so reifen Menschen herrschen.

Doch vorerst ist diese Zeit noch nicht da!

Die Alten und Alten Weisen Seelen, sie müssen sich alle erst noch durch ihre Seelengeschichte durcharbeiten, um sich zu erinnern; daran, daß sie einmal Priester, Heiler und Schamane waren, Täter, Opfer, Liebhaber, Erhalter und Zerstörer von Kulturen und vieles mehr.

Sie müssen sich an alle wichtigen Begebenheiten erinnern und sich durch sie hindurcharbeiten, um ihre Seele für die NEUE ZEIT ans Licht zu führen und stark zu machen für die Konfrontation mit den Noch-Nicht-Wissenden. Sie müssen sich daran erinnern, wer sie waren, um den Faden ihrer Entwicklung nun auf einer sehr bewußten Ebene aufzunehmen und weiterzuspinnen.

Nur so werden sie die Aufgaben übernehmen können, die vor ihnen liegen.

Es geschieht nicht ohne Grund, daß viele Menschen zur Zeit große Rückerinnerungen an ihre vergangenen Inkarnationen erleben. Doch weil die spirituellen Lehren der Vergangenheit bei euch für null und nichtig erklärt wurden, befinden sich selbst die Alten und Alten Weisen Seelen damit nun häufig in der Krise und verstehen ihren Urgrund nicht. Damit ihnen aber verständlich wird, warum ihnen das passiert, haben wir Meisterführer uns zur Verfügung gestellt, ihnen in Träumen und Visionen Hilfe zukommen zu lassen.

Die Alte und Alte Weise Seele hat durch ihre vielen Inkarnationen hindurch eine so starke und liebevolle Bindung zur Mutter Erde aufgebaut, daß wir sie dringend zur Unterstützung der nun so krank gewordenen großen Mutter benötigen.

Und insbesondere werden es bestimmte Frauen sein, die ihre Stimme erheben.

Sie sind die „Mütter der Welt" und wurden dafür ausgebildet, ihrer Schwester und Mutter Erde beizustehen und euer Bewußtsein für ihre Situation zu schärfen.

Es wird nun auch eine Zeit kommen, in der nicht mehr unbedingt die Gurus, die bis jetzt ihre Stimme erhoben haben und ihre Jünger um sich scharten, Weisheiten vermitteln. Es werden die Alten und Alten Weisen Seelen und die „Mütter der Welt" aus ihren Nischen kommen, die ihr kennt, von denen ihr es aber nie oder nur selten geahnt habt, daß sie so viel Wissen beherbergen.

Daß sie das Wissen beherbergen, um euch in die NEUE ZEIT führen zu können.

Diese Seelen werden, haben sie sich erst einmal durch ihre verordnete Verstummung hindurchgearbeitet und Mut zum Reden gefunden, dann auch erkannt werden, denn sie tragen ein großes Licht! Ein Licht, das von keinem übersehen und abgelehnt werden kann, der ihrer Hilfe so bedarf, weil er die Beschleunigung kaum noch aushält, in die ihr insbesondere durch eure selbstgeschaffene Umweltsituation und Lieblosigkeit, Macht und Habgier hineingekommen seid.

Die Ausbildung dieser Seelen – die zur Zeit noch eine weitere, zusätzliche Frequenzerhöhung zu der „normalen" momentanen Schwingungserhöhung erhalten – endet auch jetzt nicht für sie, obwohl sie, wie gesagt, bereits Alte und Alte Weise Seelen sind. Sie müssen jetzt noch lernen, sich zu erkennen zu geben und zu sagen, wer sie sind, und warum sie **jetzt** sprechen und **laut** werden. Sie müssen vor allem ihre Scham überwinden!

Zur Zeit befinden sich diese Alten und Alten Weisen Seelen und „Mütter der Welt" noch in einer schwierigen Phase. Viele von ihnen möchten mit den Menschen nichts mehr zu tun haben und fühlen sich angeekelt von den Dingen, die auf der Erde passieren. Andere sind bereits in Nischen als Künstler oder Heiler tätig oder in caritativen Organisationen oder Umweltverbänden, die aber auch immer wieder in Nischen abgedrängt werden. Und viele von ihnen möchten sich in Ruhe darauf vorbereiten können, endlich für immer in ihren kosmischen Seelenfamilienverband zurückzukehren und nicht mehr inkarnieren zu müssen. Und nun wird ihnen abverlangt, doch noch einige Inkarnationen „einzuschieben", damit eure Entwicklung gewährleistet wird. Sie spüren, daß ihnen ein großes Opfer abverlangt wird.

Es ist also für die junge Seele sehr schwer, die am liebsten noch – gleich einem Baby oder Kleinkind – in Mutters Schoß ruhen möchte und sich den Anforderungen auf der Erde kaum stellen kann, aber genauso schwierig ist es für die Alte und Alte Weise Seele, die sich eigentlich von den vielen Freuden und Dramen ihrer Inkarnationsabläufe erholen und sich auch kontemplativ auf ihre Rückkehr in den Kosmos vorbereiten möchten noch weiter durchzuhalten und sich alles ansehen zu müssen.

Für die „Mütter der Welt" ist es besonders schwer, weil wir sie für das „weibliche Prinzip" auf der Erde ausgebildet haben, das bei euch noch kaum zum Tragen kommen darf.

Ihr Menschen habt zur Zeit – insbesondere in euren Industrieländern – die Jugend zu einem Götzen erhoben. Das sieht man daran, daß ihr die alten Menschen nicht alt und weise werden laßt, sondern sie wie ein altes Stück Brot einfach wegwerft, indem ihr sie irgendwohin abschiebt, wo sie nicht mehr viel zu sagen haben.

Aber auch wenn viele von euch glauben, daß sie sich Jugend und Schönheit durch Fetische wie Autos und andere materielle Dinge, ein veräußerlichtes Leben in einem hohen Tempo, was ihre Wichtigkeit unterstreichen soll, kaufen können, so ist das ein Irrglaube auf ihrer mentalen Bewußtseinsebene. Die Seelen dieser Menschen wissen aber immer, daß sie sich weiterzuentwickeln haben und daß letztendlich der Weg der seelischen Entwicklung immer ein innerer Weg ist.

Der jungen Seele macht das noch Angst. Sie möchte nicht so schnell erwachsen werden müssen, und sie braucht tatsächlich noch viel Zeit dazu. Aber auch die Zyklen der Erwachsenenseele und der Reifen Seele haben Angst, sich in die Aufgabenstellungen ihrer Seele eingeben zu müssen. Sie haben ja gerade erst gelernt, wie sie ihr Leben unter Kontrolle bringen können. Aber auch sie müssen an der Frequenzerhöhung teilnehmen, der ihr nun alle ausgesetzt seid, und lernen, über den Tellerrand ihrer Entwicklung hinauszuschauen und sich zu entwickeln. Auch sie können sich der besonderen Beschleunigung, die sie durch die Ausbeutung der Natur ganz erheblich mitverursacht haben, nicht entziehen. Doch dafür müssen sie lernen, ihre Sicherheitsbedürfnisse aufzugeben, für die sie so viel getan haben.

Die Alten Seelen und Alten Weisen Seelen wissen bereits, daß jede Sicherheit nur ein Trugschluß ihres mentalen Bewußtseins ist, die man nur so lange benötigt, wie oder bis man erkannt hat, daß diese Sicherheit nur scheinbar ist, daß sie nur so lange gilt, wie man an ihr festhält. – Und da ihr alle immer wieder lernen müßt loszulassen, freiwillig und unfreiwillig, werdet ihr diesem Prozeß gegenüber von Inkarnation zu Inkarnation auch immer gleichmütiger gegenüberstehen.

Die Alte und Alte Weise Seele hat bereits erfahren, daß ihr schon aus dem innerkosmischen Raum das zur Verfügung gestellt wird, was sie wirklich braucht; denn was ihr wirklich benötigt, sind nicht immer die Erfüllungen eurer Träume (obwohl diese Erfüllungen für euch auch geschehen), sondern die Erfüllung eures seelischen Wachstumsauftrages, dem ihr euch zu Anfang jeder eurer Inkarnationen immer wieder neu zu stellen habt.

Es ist die Alte und Alte Weise Seele, die bereits in vielen Erdzeiten durch Freud und Leid gegangen ist, die geliebt und geopfert und getrauert hat und ihre Erfahrungen in ihren vielen Leben so lange „ausgekostet" hat, daß ihre Seele nun den „Imprint" dieser Seelenzustände zu jeder Zeit abrufen und damit auch jedes beliebige Gefühl bei ihrem Gegenüber mitfühlen kann. Sie kennt die tiefste Liebe und sie hat das mitfühlendste Herz und ist euch gerade darum so schutzlos ausgeliefert, wenn ihr etwas von ihr wollt und wenn ihr sie anseht. Ja, wenn ihr eine Alte und Alte Weise Seele anseht, dann fühlt ihr oft den Druck, so werden zu müssen wie sie. Das schafft in euch einerseits Angst, weil ihr wißt, daß ihr dafür an euch arbeiten und auch das Alleinsein aushalten müßt, das den Lebensweg der alten Seelen kennzeichnet. Andererseits spürt ihr aber auch so etwas wie einen spirituellen Neid, wenn ihr seht, daß eine Alte und Alte Weise Seele schon in sich so zufrieden sein kann, weil das etwas ist, was es für euch noch zu erarbeiten gilt.

Da die Alte und Alte Weise Seele bereits die Blüte- und Untergangszeiten in den verschiedensten Kulturen hinter sich hat, kann sie aber nun insbesondere in der NEUEN ZEIT mit ihrem Wissen ganz erheblich dazu beitragen, euch zu helfen.

Alle Seelenalter müssen zur Zeit dazulernen.
Sie müssen ihre Dreidimensionalität zur Absicherung ihres Daseins verlassen und eine liebende Einstellung zu allem Lebendigen und Geistigen erlernen und vor allem, ihre übergroßen Lebensängste aufgeben, die der Urmotor für eure materialistische Welt ist.

Alle Seelenaltersgruppen schlafen noch.
Es ist quasi 5 Uhr morgens für sie.
Kurz vor dem Aufwachen.
Doch die Alten und Alten Weisen Seelen mit ihren „Müttern der Welt" blinzeln schon und wissen, daß es kein Zurück mehr gibt, daß sie die Verantwortung für die Welt tragen: für die einen, die gerade als

junge Seelen lernen müssen, in ihr zurecht zu kommen, und für die anderen, die sie – als Erwachsenenseelen – vornehmlich strukturiert haben. Aber auch für die Menschen ihrer eigenen Entwicklungsstufe und für sich selbst, um endlich den Mut zu finden, sich zu erkennen zu geben.

Verändert euch, dann verändert ihr die Welt. Wacht auf, schafft euch die bessere Welt. Ihr habt dazu alles, was ihr braucht. Von Anbeginn hatten euch die Urschöpfung und die Erde auch das Paradies zur Verfügung gestellt.

Stellt euch vor: Jahrelang ist die Prozedur des Aufstehens, zur Arbeitgehens usw. gut gegangen, aber eines Tages kommt euch eine Krankheit dazwischen und aus ist es mit eurer Sicherheit, und die Zeit erhält plötzlich für euch eine völlig neue Bedeutung. Ihr sprecht dann von der Zeit vor der Krankheit, der Zeit im Krankenhaus, der Zeit in der Rekonvaleszenz und der jetzigen Zeit, die plötzlich zu einer Zeit nach der Krankheit geworden ist und euch evtl. für immer körperbehindert gemacht hat.

Wichtige Punkte in eurem Leben markieren eine Umstimmung der Zeit. Und so, wie ihr in vielen Fällen das Aufkommen einer Erkrankung durch eine gesündere Lebensweise – eine euch selbst liebende Lebensweise – hättet vermeiden können, so ergeht es zur Zeit eurer Mutter Erde. Ihre Krankheit ist die von euch verursachte Umwelt- und Seelenverschmutzung, denn die Erde ist ein lebender und liebender Organismus, der sich für euch zur Verfügung gestellt hat und deshalb alles, ja wirklich alles, mitbekommt.

Die alte Zeit ist auch für die Erde nicht mehr wiederholbar, denn generell gilt: Nie, nie wiederholt ihr die Zeit. Seht euch an, wie viele Tiere und Pflanzen ihr bereits unwiederbringlich ausgerottet habt, die ihr nie mehr wieder haben könnt.

Aber eine kleine Heilung der Erde ist möglich.

Gute Gedanken und eine aufbauende Fürsorge unterstützen sie.

Schlechte Gedanken und Brutalität schlagen auf sie zurück und verstärken ihr Unwohlsein und ihren Kummer und ihre Regenerierungsunfähigkeit. Euer höchstmöglichstes Wachstum zu garantieren, ist die höchstmöglichste Form der Liebe, die euch die Erde gewährt! Denkt daran! Zu jeder Zeit!

Werdet mitfühlend für sie in allen euren Handlungen!

Wir hatten ja schon gesagt, daß für die zukünftige Verantwortung für eure Erdmutter insbesondere diejenigen Frauen aufgerufen sind, die wir als „Mütter der Welt" bereits ausgesucht und geschult haben. Es werden aber auch diejenigen Männer hinzukommen, deren Bewußtsein von uns genauso geschult worden ist und die sich als „Väter der Welt" dazu verpflichtet haben, den Frauen Beistand zu leisten für eine schönere und neue Welt, in der nicht mehr alles machbar und kontrollierbar ist, sondern für eine Welt, wo Kontrolle nicht mehr nötig ist, weil die einzige Kontrolle, die diese NEUE ZEIT **des Friedens** haben wird, dann die Selbstkontrolle der Liebe sein wird. Wo Liebe ist, wird Schönheit sein. Diese sich beide beeinflussenden Zustände können dann in ihrem sich gegenseitig erhöhenden Schwingungszustand alle Veränderungen für die Erde und den Kosmos insgesamt zulassen, um heiler zu werden. Denn was auf der Erde geschieht, ist auch immer gleichzeitig für die gesamte kosmische Evolution wichtig.

Da alle Bewußtseine miteinander verbunden sind – auch die, von denen ihr noch nicht wißt, weil ihr sie mit euren physischen Augen noch nicht sehen könnt –, ist es uns wichtig, euch darauf hinzuweisen, daß eine allgemeine Schwingungserhöhung nur möglich ist, wenn alle Bewußtseinsebenen sich gleichzeitig entwickeln. Wenn nur eine Bewußtseinsebene nicht gewillt ist, diese Schwingungserhöhung mitzumachen, bremst das gleichzeitig die anderen Bewußtseinsebenen. Auch unsere Ebene, die Ebene der Meisterführer, wird dann immer mitbehindert. Seht ihr, was wir meinen? Warum es uns ein Anliegen ist, eure Entwicklung zu unterstützen und voranzutreiben? Wenn ihr z.B. die Tierbewußtseine durch Tierversuche in ihrer Entwicklung behindert, behindert ihr auch gleichzeitig euch selbst wie auch andere Bewußtseine, denn alles ist mit allem verbunden. Bei allem, was ihr tut, solltet ihr immer bedenken, welche Opfer dafür gebracht werden müssen; und zwar auf multidimensionaler Ebene!

An der zukünftigen Veränderung der Erde und des gesamten Kosmos werden auch wir mitarbeiten. Lernt, euch nur mit uns auszutauschen. Wir lernen auch gerne von euch. Denn es gibt auch Wissen, das wir gerne annehmen; auch wir müssen immer wieder Lösungen erarbeiten.

Um das für euch verständlich zu machen, haben wir für euch nicht nur ein Kapitel über die „Seelenalterszyklen" und die „Mütter der Welt" diktiert, sondern wir wollten euch auch vermitteln, „Wie der Kosmos arbeitet", damit ihr noch gründlicher versteht, wie alles mit allem verbunden ist, und daß eure Seelenentwicklung für das Geschehen im Kosmos insgesamt nicht unerheblich ist – und nie unerheblich war –, daß sie aber jetzt, in der bereits angebrochenen NEUEN ZEIT für euch „lebenswichtig" geworden ist.

Deshalb haben wir dieses Kapitel auch den anderen Kapiteln vorangestellt.

TEIL II
WIE DER KOSMOS ARBEITET

Die Seele inkarniert

Aus ihren zahlreichen und vielfältigen Inkarnationen soll die Seele in ihrem auf der Erde eingekörperten Zustand lernen, Erfahrungen zu sammeln, um dann eines Tages wieder zu ihrem Ursprung zurückkehren zu können, zurück zu der Seelenfamilie, aus der sie gekommen war und mit der sie gemeinschaftlich einen Lernauftrag hat.

Diese Seelenfamilie ist als eine Gesamtseele mit einem Gesamtseelenbewußtsein zu verstehen, von der jeder Einzelne, der sich für eine Inkarnation entscheidet, ein Seelenanteil bzw. eine Fragmentation ist. (Siehe Skizze I).

Aus dem Umstand, daß ihr ein Teil einer kosmischen Gesamtseele seid, die sich als Familienverband darstellt, fühlt ihr – auch wenn euch das nicht immer bewußt ist – ein bestimmtes Gruppenbewußtsein und daß ihr zu jeder Zeit ein Zuhause habt, zu dem ihr zurückkehren könnt.

Skizze I

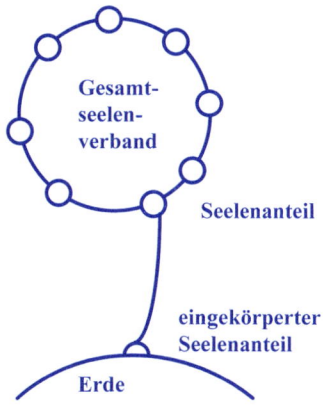

Gesamt-
seelen-
verband

Seelenanteil

eingekörperter
Seelenanteil

Erde

39

Die Familienmitglieder, die ihr auf der Erde auswählt, müssen nicht unbedingt die Seelen sein, die zu eurem kosmischen Familienverband gehören. Sie sind es eher nicht, denn die Seelengeschwister aus dem eigenen kosmischen Familienverband sind euch zumeist so ähnlich – auch äußerlich –, daß ihr mit ihnen eher nur harmonische Zeiten durchlaufen würdet. Diese sind für euer Seelenwachstum zwar auch notwendig, jedoch garantieren erst die Erfahrungen, die sich aus dem Anderssein eurer irdischen Familienmitglieder ergeben, ein Wachstum eurer Seele. Trotzdem habt ihr natürlich auch immer Seelenfamilienmitglieder in euren irdischen Familien, die euch mit ihrer Liebe und Gleichheit ihres Seins stärken. Häufig wiederholen sie mit euch die verschiedensten Inkarnationen, um euch liebend beiseitezustehen, und dasselbe macht ihr natürlich auch mit ihnen. Diese Seelenfamilienmitglieder betrachtet ihr dann auch auf der Erde ganz besonders als eure Ahnen.

Von der Urschöpfung und deren Ausführungsorganen über uns, aber auch von uns Meisterführern und euren Seelenfamilienverbandsführern wird entschieden, welcher Teil vom Gesamtverband einer Seelenfamilie in die Fragmentation gehen soll. Wir besprechen das mit euch allen, und dann kann die Seele als Seelenanteil entscheiden, ob sie das übernehmen will. Bei der Auswahl spielen die Neigungen und die bereits gemachten Erfahrungen des Seelenanteils eine große Rolle. Es ist ja nicht so, daß euch nur schlimme und harte Dinge auf der Erde erwarten. Ihr habt vieles, worauf ihr euch freut. Ihr liebt die Erde – auch wenn ihr nicht immer gut mit ihr umgeht, aber in den innerkosmischen Räumen ist euch eure Liebe zu ihr bewußt – und ihr trefft auf ihr die Seelen in eingekörperter Form wieder, die euch in anderen Leben wichtig waren.

Viele Mitglieder eines Seelenfamilienverbandes befinden sich auf der Erde, manche von ihnen sind gerade gestorben und befinden sich noch in den astralen Zwischenräumen (siehe Skizze II) – die ihr bitte als

Bewußtseinsebenen zu verstehen habt –, bevor sie sich wieder in den Seelenfamilienverband eingliedern, um dort von ihren Familienverbandsführern darin unterrichtet zu werden, ein neues Leben auf der Erde anzugehen, bevor auch wir wieder unsere Stimmen dazu erheben. Wir dienen dabei alle immer dem Willen der Urschöpfung.

Andere Seelen, die bereits mutig genug sind, ein Erdenleben zu wagen, befinden sich auch bereits wieder in den astralen Zwischenräumen, um ihr Leben auf der Erde vorzubereiten und mit denjenigen Seelen in Kontakt zu treten, die ihnen während ihrer zukünftigen Erdenzeit eine Familie und durch Freundschaften und andere Interaktionen ein größtmögliches Wachstum bieten wollen.

Skizze II

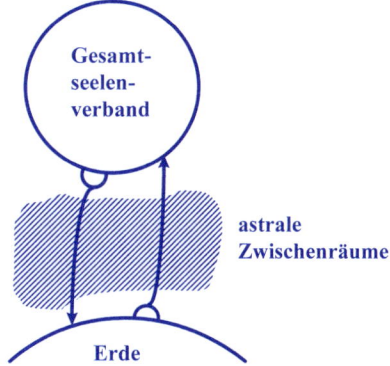

Gesamt-
seelen-
verband

astrale
Zwischenräume

Erde

Euch ein größtmögliches Wachstum zu bieten, heißt aber nicht, daß wir für euch die „heile Welt" aussuchen. Größtmögliches Wachstum wird oft nur durch das Gegenteil erreicht, nämlich wenn die Familien, in die ihr inkarniert seid, später zerstört werden oder sich zerstreiten und euch dadurch die Möglichkeit geben, in eine noch stärkere Individuation zu gehen, was insbesondere für die alten Seelen unter euch wichtig ist.

Die astralen Zwischenräume, die ihr bei eurer Heimkehr zum Seelenverband durchlauft und die ihr auf dem Weg zur Erde benutzt, sind zwar beide dieselben astralen Welten, jedoch sind sie wegen ihres Entwicklungszieles verschiedene Bewußtseinsebenen, die sich nicht oder nur kaum beeinflussen. Es ist so, wie wenn ihr eine Autobahn benutzt, jedoch jeweils eine andere Fahrstrecke wählt – die eine nach Süden und die andere nach Norden –, weil euer Reiseziel verschieden ist.

Die Seelenfamilienverbandsführer

Die Seelenfamilienverbandsführer sind als Vermittler zwischen eurem Seelenfamilienverband und der nächsthöheren Ebene zu verstehen, damit ihr an dem Wissen dieser höheren Ebene zu jeder Zeit teilhaben könnt. (Siehe Skizze III).

Sie haben schon auf der Erde gelebt (vor langer Zeit) und sind jetzt aufgestiegene geistige Führer, die eigentlich zur nächsthöheren Bewußtseinsebene gehören. Ihr könnt sie auch als Ahnen eurer Seelenfamilie verstehen, von denen ihr häufig intuitive und inspirative Eingebungen erhaltet. Sie haben auch die Fähigkeit, sich für euch spürbar, und manchmal auch sichtbar, körperlich zu verdichten, damit ihr ihre Informationen mit Dringlichkeit erhalten könnt, wenn ihr in Not seid und sie benötigt.

Die Seelenverbandsführer stellen sich zur Verfügung, eure Entwicklung zu jeder Zeit zu begleiten und voranzutreiben. Es ist für sie immer eine große Freude, für euch in ihrer großen Liebe dasein zu dürfen. Es bedeutet aber auch ein großes Opfer für sie, weil sie dadurch ihre eigene Entwicklung oft hintanstellen müssen. Dadurch daß sie für euch da sind, können sie sich nur partiell an der Entwicklung ihres eigenen nächsthöheren Seelenfamilienverbandes beteiligen, der sich wiederum als Gesamtseelenverband darum bemüht, in die Entwicklungsstufe über sich zu gelangen.

Analog kennen dieses Phänomen bei euch auf der Erde die Erzieher in den Kindergärten und die Lehrer in den Schulen, die ihre meiste Zeit den Kindern und Schülern widmen und darum für sich selbst kaum noch Zeit finden und daran gehindert werden, von anderen, weiseren Lehrern zu lernen und sich dafür ab und zu einen Bildungsurlaub nehmen müssen.

Skizze III

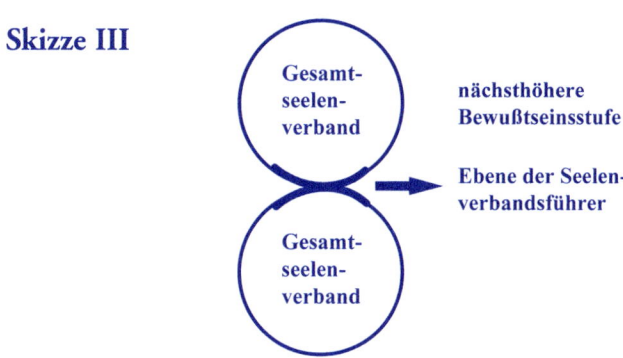

Gesamt-seelen-verband

nächsthöhere Bewußtseinsstufe

Ebene der Seelen-verbandsführer

Gesamt-seelen-verband

Versteht die Seelenverbandsführer nicht mehr als Menschen. Sie sind Bewußtseine, wie auch ihr Bewußtseine, Bewußtseinsanteile oder Bewußtseinsfunken eures Seelenfamilienverbandes seid, jedoch tragen sie das menschliche Bewußtsein – wie auch ihr – in ihrem genetischen Energiegefüge. Nur müssen sich eure Bewußtseine noch einkörpern, um Erfahrungen als **Menschen** machen zu können; was die Seelen-verbandsführer bereits hinter sich haben.

Die Seele kehrt heim

Wenn die Menschen ihre Reise durch die Seelenalterszyklen, von der Babyseele bis zur Alten Weisen Seele, die mehrere Jahrtausende währt beendet haben, dann kehren sie in ihren Seelenfamilienverband zurück (siehe Skizze IV), der seine Mitglieder – jeden Einzelnen von ihnen – mit großer Liebe und Mitgefühl empfängt. Nun für immer empfängt, denn so eine Reise als vereinzeltes Wesen, als Seelenanteil oder Fragmentation, welches sie hat oft einsam fühlen lassen, ist nun nicht mehr nötig, um sich weiterzuentwickeln. Jetzt muß die Entwicklung der nächsten Bewußtseinsstufe als **Gesamtseele** geleistet werden.

Skizze IV

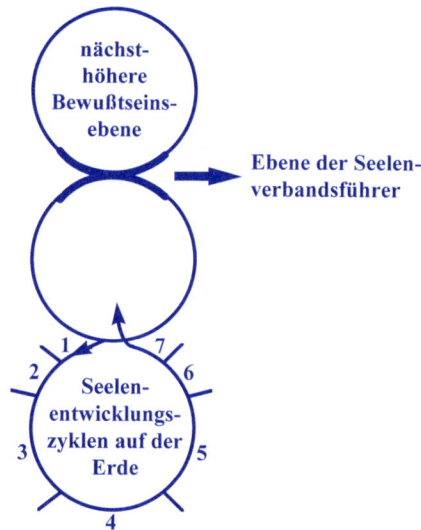

1 = Babyseelenzyklus

2 = Kindseelenzyklus

3 = Jugendseelenzyklus

4 = Erwachsenenseelenzyklus

5 = Reife Seelenzyklus

6 = Alte Seelenzyklus

7 = Alte Weise Seelenzyklus

Die nun für immer zurückgekommenen Seelen sind von ihrer langen Reise durch die Jahrtausende durch die verschiedensten Kulturen und Anforderungen der Natur müde und erschöpft, so, wie bei euch ein über achtzigjähriger Mensch erschöpft ist, wenn er ein ausgefülltes, reiches Leben gehabt hat. – Und die Seelen waren mutig!

Um ihrem Wachstumsdrang gerecht werden zu können, mußten sie Freude und Leid auf sich nehmen und vor allem alle Emotionen bis in ihre tiefsten Schichten durchleben. Deshalb sorgen wir uns um sie besonders. – Und so, wie wir eure sogenannten Toten immer wieder entgegennehmen und uns um sie sorgen, damit sie sich in unseren Räumen wieder sicher fühlen können, so nehmen wir die Alten Weisen Seelen, die nun ganz zu uns zurückgekehrt sind, für immer in unsere Arme.

Denkt daran: Jeder von euch bestreitet seine Aufgabe nicht nur für sich allein (auch wenn ihr euch manchmal allein fühlt), sondern immer auch für seine Gesamtseele, damit diese befähigt wird, sich eines Tages den höheren Sphären zuzuwenden und nicht mehr Anteile von sich inkarnieren lassen zu müssen, und um dort, in den höheren Sphären, die auch wieder als Bewußtseinsebenen zu verstehen sind, für immer verbleiben zu können!

Damit kann sie sich nun Wissen aneignen, das sich in vielerlei Hinsicht von eurem Wissen auf der Erde unterscheidet; auch dadurch unterscheidet, weil ihr nun nicht mehr für euren Körper Essen und Trinken benötigt, nicht mehr krank werden könnt, keine Ausscheidungen mehr habt, nicht mehr arbeiten gehen müßt u.v.a.m..

Jetzt geht es allein nur noch um die Seelenpflege. Um diese Seelenpflege als Gesamtseelenverband zu schätzen, war es aber unabdingbar, daß ihr lerntet, mit euch und anderen unter den dreidimensionalen, grobstofflichen Bedingungen der Erde gut umzugehen. Freudig sieht der Gesamtseelenverband nun seinen Wachstumsmöglichkeiten entgegen und kann so unter unserer und der Anleitung seiner Familienverbandführer weiter aufsteigen.

Auch wenn der Gesamtseelenverband freudig seinen neuen Wachstumsmöglichkeiten entgegensieht, so empfindet er sich jetzt wieder gegenüber den über ihn stehenden Bewußtseinsebenen wie eine Babyseele, die die ersten Schritte üben muß.

Es ist schon lange her, daß alle Seelen dieses sich gerade wieder integrierten Gesamtseelenverbandes zusammen waren, und eine große Freude und so etwas wie Stolz auf seine Leistung erfüllt ihn nun in seiner Gesamtheit.

Diese Freude über eure Entwicklung, die teilen auch wir Meisterführer als sogenannte Abordnung der nächsthöheren Ebenen über uns, die wir uns durch die einzelnen Reinkarnationszyklen hindurch um jede vereinzelte Seele bemüht hatten, ihr beizustehen und einzugreifen, wenn es nötig war, aber auch ruhig und gelassen zu bleiben, wenn die eingekörperte Seele noch nicht lernen wollte, sich weigerte und dafür mehr Zeit als andere Seelen benötigte.

Zum Schluß erhält jedoch jede Seele ein nicht mehr zerstörbares Vertrauen in ihr Wachstum, das ihrem Gesamtseelenverband zugute kommt.

Im Gesamtseelenverband muß sie sich nun nicht mehr allein – wie auf der Erde – überlegen, was mache ich jetzt? Verweigere ich die Erfahrung oder gebe ich mich ein? Im Gesamtseelenverband zurückgekehrt, möchte sie nur noch weiter wachsen, um so schnell wie möglich als Gesamtseelenbewußtsein weiter aufsteigen zu können. Dabei hilft ihr die Liebe, die sie als Einzelwesen auf der Erde erlernen, aber auch erhalten durfte. Ja, die Erinnerungen an diese Erfahrungen hallen immer in ihr nach. Denkt daran, welche Bedeutung darum euer Miteinander für euch hat, daß eure Erfahrungen nicht hoch genug eingeschätzt werden können, weil praktisch nichts davon verloren geht; auch dann nicht, wenn ihr nie wieder einen Fuß auf die Erde setzt.

Der Aufstieg zu den höheren Bewußtseinsebenen

Die einzelnen Bewußtseinsstufen, die nun von dem Gesamtseelenfamilienverband erklommen werden müssen, sind wichtig, damit sich eines Tages in allen Menschen eine Art „Engelsbewußtsein" manifestieren kann, wodurch im Kosmos dann allgemein nur noch Frieden herrscht.

Doch bevor ihr diese hohen Bewußtseinsstufen als Gesamtseele erreicht – so wie ihr die Bewußtseinsstufen der verschiedenen Seelenalter bis hin zur Alten Weisen Seele auf der Erde erreichen müßt –, müßt ihr euch auch im Kosmos wieder von einer Babyseele bis hin zu einer Alten Weisen Seele in den verschiedensten nächsthöheren Ebenen entwickeln.

Aber selbst dann, wenn ihr eine Art Engelsbewußtsein erreicht habt, ist das Lernen für euch nicht vorbei. Wieder gibt es Ebenen, die ihr zu durchlaufen habt, damit ihr vom All-Wissen lernt, das euch umgibt. Praktisch hört ihr niemals auf zu lernen, bleibt ihr also immer Schüler.

Die Bewußtseine der nächsthöheren über euch liegenden Bewußtseinsebenen und die der Ebenen darüber gehören zu eurem Seelenfamilienverband als Ahnen, wie eure Urgroßeltern und die Ur-Ur-Großeltern und die Ahnen davor auf der Erde. Und häufig sind diese ja auch, wie bereits gesagt, identisch.

Ihr seht, wie oben, so auch unten.
Wir können euch immer einen Spiegel eures Seins mit unserem Sein präsentieren.

Die letzten der großen Reise

Da die Erde jetzt in eine andere Schwingung wechselt, fühlten sich die letzten Seelen, die noch nie auf der Erde waren, vor zwei- bis dreihundert Jahren dazu berufen, noch schnell zu inkarnieren; nicht nur darum, um ihrer Seele die Möglichkeit zu geben, noch alle Wachstumsstufen zu absolvieren, sondern auch um die Erfahrungen des jetzigen alten Schwingungszustandes der Erde noch mitzuerleben, bevor nun die NEUE ZEIT bei euch anbrechen kann. Darauf haben sie seit Anbeginn gewartet. Sie werden diese Erfahrungen in ihren nächsten Seelenentwicklungszyklen benötigen, um sich daran zu erinnern, daß es einmal eine Zeit des Unfriedens und des Chaos, einer Umweltverschmutzung eines nie gekannten Ausmaßes und ein Ungleichgewicht zwischen Männern und Frauen gegeben hat. Das ermöglicht dann ihren schnelleren Aufstieg zurück zu ihrem Seelenfamilienverband.

Wenn diese Seelen Alte und Alte Weise Seelen geworden sind, wird die Erde nicht noch einmal mit neuen Seelen bevölkert.

Es wird dann eine große Freude für uns sein, endlich a l l e restlich auf der Erde verbliebenen Seelen in Empfang nehmen zu können.

Für die Erde wird dann noch einmal eine NEUE ZEIT anbrechen.

Eine Zeit ohne menschliche Erdenbürger. Sie wird sich dann erneuern können, und andere Wesenheiten werden sich auf ihr entfalten. Es werden vor allem die Naturgeister sein, die dann endlich wieder mehr Lebensraum bekommen.

Warum die Erde in eine „neue Schwingung" geht
Was die NEUE ZEIT bedeutet

Nicht nur ihr, sondern auch die Erde sowie der Kosmos in seiner Gesamtheit muß sich als geistiges Wesen weiterentwickeln. Der Schöpfungsauftrag der Urschöpfung beinhaltet es so. Das ist wichtig, damit eine gesamte kosmische Evolution garantiert ist. Entwickelt sich eine Bewußtseinsebene nicht so gut, so bedeutet das für die anderen Bewußtseinsebenen – davon hatten wir ja schon einmal gesprochen –, daß ihre Entwicklung mit verzögert wird. Sie sind dann aber aufgefordert, der zurückgebliebenen Entwicklungsebene weiterzuhelfen. Das Schwingungsspiel zur Bewußtseinserhöhung geht aber nicht nur von oben nach unten, sondern auch immer von unten nach oben. Das ist wichtig, damit die gesamte kosmische Evolution garantiert ist.

Die Erde hat nun gerade ihr Reife Seelenalter beendet und ist auch – analog zu euren Reifen Seelen, die sehr mutig sind und sich für ihre Lernerfahrungen allerlei Schwierigkeiten und Gebrechen aussetzen – sehr belastet. Doch jetzt soll sie eine Alte Seele werden, und sie steht nun am Anfang dieses neuen Seelenalterszyklus.

Wenn die Erde noch tiefer in ihren Alte Seelenzyklus hineingeht, dann wird sie sich wieder mehr ausruhen können. Das wird dann für sie die NEUE ZEIT werden, die aber nur dadurch zu erreichen ist, daß ihr Menschen lernt, euch durch euer naturverachtendes Verhalten hindurchzuarbeiten, und ihr mit mehr Respekt der Erde gegenübertretet. Wenn ihr mit dem Herzen die Gnade erkennt, daß eure Mutter Erde euch so lange bemuttert, bis ihr alle eure Seelenentwicklung vervollständigt habt, dann werdet ihr euch verändern und sie nicht mehr ausbeuten und beherrschen wollen, und sie wird sich dann durch eure daraus folgenden Maßnahmen auch endlich erholen können. Und damit es dazu kommt und sie sich wirklich noch erholen kann, müssen insbesondere die Männer es aufgeben, sie beherrschen zu wollen, und wach werden für diese außerordentliche Gnade. Es ist uns sehr wichtig, euch das in diesem Buch immer wieder zu vermitteln, und wir werden euch auch immer wieder – mit den unterschiedlichsten Worten – sagen, daß für uns die Erde das Schönste ist, das wir kennen, und daß uns ihr innewohnender „Muttergeist" zu jeder Zeit bewußt ist.

Um euch zu verändern, müßt ihr euch alle – jeder für sich – bei allen Dingen, die ihr tut, fragen, ob ihr damit der Erde mit ihrer gesamten beseelten Natur dient oder nicht. Setzt eure Energien für die Bearbeitung eurer Werte ein und nicht in kurzfristige Bedürfniserfüllungen. Liebt eure Erde, denn wenn sie nicht mehr lebensfähig ist, ist es zu spät. Nicht nur für euch. Die gesamte kosmische Evolution wird dann darunter zu leiden haben. Denkt daran, was es bedeutet, wenn eure vollständige Seelenentwicklung von der Babyseele bis zur Alten Weisen Seele nicht mehr garantiert ist … !

Die schöpferische Macht

Hinter allen Dingen steht eine schöpferische Macht, die vorhat, euch und dem gesamten Kosmos zu einem höheren Bewußtseinszustand zu verhelfen.

Es gibt viele Schöpfungsebenen. (Siehe Skizze V)
Eine davon ist für euch Menschen durch die „Hüter der Menschheit" zuständig.
Wir Meisterführer sind als Verbindungsglieder zwischen euren Ebenen und den höheren Bewußtseinsebenen zu verstehen. Wir können uns von oben nach unten bewegen und damit dafür sorgen, daß immer höheres Bewußtsein von oben nach unten fließt.
Wir sind auch als Alte Weise Seelen – wie die Alten Weisen Seelen bei euch auf der Erde – zu verstehen, die sich auch zu Mittlern zwischen euren jüngeren Seelen und ihrem kosmischen Seelenverband entwickelt haben. Insofern solltet ihr auch bei euch die Alten Weisen Seelen wie uns Meisterführer betrachten, die diese Aufgabe auf der Erde für euch übernehmen, damit ihr lernt, was hinter dem Schleier verborgen und gewollt ist.

Es ist ein Gesetz des Kosmos, daß sich die Dinge, die auf der höheren Ebene geschehen, nach unten fortsetzen. (Deshalb habt ihr zum Beispiel die Astrologie als Verständnismuster gewählt. Ihr wählt die Sterne als etwas über euch – von der Erde aus gesehen –, das zu euch spricht.)

Skizze V

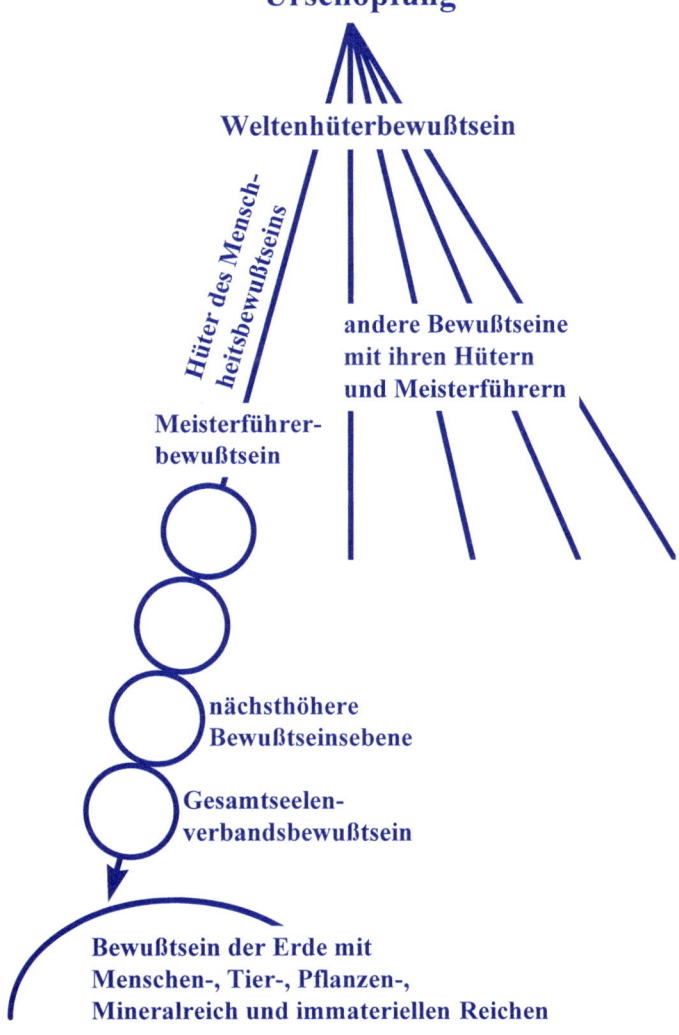

Urschöpfung

Weltenhüterbewußtsein

Hüter des Menschheitsbewußtseins

andere Bewußtseine
mit ihren Hütern
und Meisterführern

Meisterführer-
bewußtsein

nächsthöhere
Bewußtseinsebene

Gesamtseelen-
verbandsbewußtsein

Bewußtsein der Erde mit
Menschen-, Tier-, Pflanzen-,
Mineralreich und immateriellen Reichen

Das höchste Bewußtsein senkt seine Bewußtheit immer zu den niedrigeren Ebenen, von denen ihr in der Reihenfolge bis zu eurer Ebene – ob als fragmentierte Seele oder als Seelenfamilienverband in seiner Gesamtheit – immer profitieren könnt. Wir haben uns dafür zur Verfügung gestellt, das höhere Bewußtsein in die niedrigeren Stufen, bis hin zu den Menschen, zu senken. Aber nicht nur zu euch. Auch zu dem euch umgebenden Pflanzen-, Tier- und Mineralreich und den immateriellen Reichen, die für euch genauso hilfreich sind wie wir.

Aber der Fluß fließt auch umgekehrt.

Das ist uns wichtig, euch zu sagen. Auch was ihr denkt und tut, ist für uns von großer Bedeutung. Es betrifft auch unsere Evolution. So wie wir höheres Bewußtsein aufnehmen müssen, so müssen wir auch niedriges Bewußtsein aufnehmen. Als Mittler wägen wir ständig ab, denn auf eurer Ebene hat sich das hohe Bewußtsein erst durchgesetzt, wenn alle Seelen Alte und Alte Weise Seelen geworden sind.

Wo kommen wir Meisterführer her?

Unsere Herkunft ist in den Weltenräumen zu suchen, die zu bereisen ihr erst lernt.

Wir waren nie auf der Erde. Unsere Geburtsstatt ist in der Welt der Weltenhüter zu finden, die uns geboren haben, um euch zu helfen.

Das Wissen dieser Weltenhüter, das wir – als ihre Kinder – in uns tragen, wie auch ihr das Ahnengedächtnis eurer Eltern und deren Vorfahren in euch tragt (himmlisch und auch irdisch), befähigt uns, als Verbindungsglied zwischen den verschiedensten Bewußtseinsebenen zu fungieren. Nicht nur für euch Menschen, sondern auch für die Pflanzen, die Tiere und andere Lebensformen.

Wir sind unzählig viele Meister mit den verschiedensten Bewußtseinsebenen und für die verschiedensten Aufgaben bestimmt.

Wir sind immer da, wenn ihr uns braucht. Wir sind dafür ausgerüstet, ständig mit euch in Verbindung zu stehen, und zwar auch dann, wenn wir für eine Weile unsere „Mütter und Väter", die Weltenhüter, aufsuchen, um von ihrem Wissen zu lernen und Anweisungen zu erhalten.

Die Worte „Mütter und Väter" solltet ihr nicht zu wörtlich, wie auf der Erde, verstehen. Auch sie sind Bewußtseinsfunken; jedoch sind auch sie, wie eure Eltern auf der Erde, Träger einer männlichen und einer weiblichen Energie; wie auch die gesamte Schöpfung immer Träger einer männlichen und einer weiblichen Energie ist!!!

Uns stehen aber auch eure vielzähligen Geisthelfer der verschiedensten Herkunft zur Seite, die gerne für uns ihre Aufgaben erfüllen und sich dafür auch zeitweilig materialisieren können, wenn es nötig ist, euch eine Information in eindringlichster Klarheit zu übermitteln, weil die meisten von euch nur dem Glauben schenken, was sie mit den physischen Augen sehen. Uns könnt ihr erst erkennen, wenn ihr schon einen längeren Weg der Geistigkeit gegangen seid, weil unsere Schwingungsfrequenz um einiges höher angesiedelt ist. Dafür muß erst euer geistiges Auge ausgebildet und eure persönliche Schwingungsfrequenz angehoben sein, wofür ihr eine Seele im Alte und Alte Weise Seelenalter sein müßt; aber auch manche Reife Seele hat jetzt in der NEUEN ZEIT bereits die Fähigkeit erworben, uns zu erkennen, weil ja auch ihr ein schnellerer Durchlauf durch ihre Seelenentwicklungszyklen, und damit auch eine schnellere Entwicklung, abgefordert wird.

Wir Meisterführer bleiben immer Meisterführer, jedoch können auch wir uns zu einem noch höheren Bewußtsein entwickeln, was dadurch erreicht wird, daß wir von den Weltenhütern lernen. Auch ihr Menschenkinder bleibt Menschenkinder, und zwar auch dann, wenn ihr aufsteigt und sogar Engel geworden seid, denn ihr habt den Zustand des Menschseins in eurem genetischen Energiegefüge, das euch nie mehr verläßt. Trotzdem könnt ihr auch das Bewußtsein anderer Gestirne in euch tragen und denken, daß ihr daher kommt, was auch nicht unrichtig ist, weil alles mit allem verbunden ist und alles aus demselben Urbewußtsein stammt, und außerdem werdet ihr ja auch von den anderen Gestirnen angeleitet.

Wie ihr aus der **Skizze V** ersehen konntet, gibt es noch eine Vielzahl von anderen Bewußtseinen. Sie alle halten sich für ihre speziellen Aufgaben im Kosmos bereit. Sie sind häufig in völlig anderen Dimensionsräumen zu Hause und darum auch für euch nicht – oder nur selten – erkennbar. Es sind Energieformen, die aber durchaus auch menschliche und tierische Züge besitzen können.

Diese Energieformen sind u.a. eure Ufosichtungen und die „Wesen", die von einigen Menschen bereits als reptilienartige Wesen erkannt werden. Auch die Zeichen auf eurer Erde, die ihr als außerirdische Zeichen bei den noch erhaltenen Mayakultstätten deutet, oder die Kornfeldkreise sind Informationen von diesen „Wesen", oder besser gesagt, von diesen Energieformen oder Bewußtseinen.

Da alles mit allem verbunden ist, wollen diese Energieformen auch von euch lernen und sich mit euch austauschen. Aber was ihr vielleicht nicht wißt und euch vielleicht sogar erschrecken kann, ist, daß auch ihr immer mal wieder in diese Schöpfungsebenen geht, um zu lernen. Häufig macht ihr das im Schlaf, und deshalb wißt ihr auch nicht, daß ihr es seid, die die Erfahrungen mit „Außerirdischen" genauso anziehen können, wie es auch umgekehrt geschieht.

Da sich der Kosmos immer in einem evolutionären Prozeß befindet, wird die Bewußtheit dafür nun auch immer wacher. Eure Seelen wollen lernen und können sich in ihrem Lernprozeß auch nicht vor diesen Gegebenheiten verstecken. Und die anderen Bewußtseinsebenen wollen ebenfalls ihren evolutionären Prozeß vorantreiben, damit eines Tages auf bewußter Ebene erkannt wird, wie die Verbundenheit aller Dinge geschieht. Die immer größer werdende Durchlässigkeit des Schleiers zu den anderen Dimensionen bietet aber nun eine großartige Möglichkeit für euch, sich auch diesen Prozessen zu öffnen und sich mit allen Bewußtseinen zu verbinden und von ihnen zu lernen – und zu lernen, wie der Kosmos arbeitet.

Habt keine Angst davor!

Geisthelfer

Ihr habt auch persönliche Geisthelfer.

Diese Geisthelfer sind zum einen Seelengeschwister aus eurem eigenen Seelenfamilienverband, die sich zur Verfügung stellen, euch als vereinzelte Seele auf der Erde zu helfen, wenn ihr diese Hilfe benötigt. (Das macht auch ihr nach eurer Erdenzeit, wenn ihr euch wieder für einige Zeit in euren Seelenfamilienverband im kosmischen Raum eingliedert.) Zum anderen habt ihr aber auch Geisthelfer aus anderen Seelenfamilienverbänden, mit denen ihr eine bestimmte Zeit in einem oder auch mehreren Leben auf der Erde verbandelt ward, und die euch zu Hilfe kommen können, wenn ihr sie braucht. Es ist die Liebe und Verbundenheit, die ihr füreinander – auch über die Dimensionen hinweg – habt, die es euch ermöglicht, euch einander anzunähern. Die Liebe ist ein großes und unendliches Band, das ihr nie unterschätzen solltet.

Geisthelfer kommen aber nicht nur in der Not.

Sie haben, insbesondere dann, wenn eure Seele bereits älter geworden ist, ein Interesse daran, euch beizubringen, wie der Kosmos arbeitet und damit euer spirituelles Wachstum voranzubringen. Und sie haben eine große Freude daran, sich bei euch in Erinnerung zu bringen.

Alle Geisthelfer, ob aus eurem eigenen Seelenfamilienverband oder aus einem anderen, können sich so verdichten, daß ihr sie auch zeitweise in grobstofflicher Form wahrnehmen könnt; wir Meisterführer, die wir hier zu euch sprechen, erscheinen euch immer nur als Wesenheiten in euren Träumen und Visionen. (Hier gab es innerhalb eurer Entwicklungsgeschichte auch schon Ausnahmen, wenn große spirituelle Führer von uns angeleitet wurden herabzusteigen, aber wie gesagt, das waren Ausnahmen.) Und natürlich können die Aufgestiegenen Meister immer mal wieder auf eurer Erde „spazierengehen" und sich euch damit in Erinnerung bringen und euch so weiterhelfen, eure Entwicklungsgeschichte voranzubringen.

Wir Meisterführer senden euch in Krisenzeiten aber auch die Seelengeschwister zu, die sich für das Thema eurer Gefahr oder eures Lernauftrages durch die Inkarnationen hindurch qualifiziert haben. Das geschieht dann in Übereinkunft mit euren Seelenfamilienverbandsführern. Diese Seelengeschwister bleiben dann nur kurzfristig – für eine bestimmte Aufgabe – bei euch und erscheinen euch dann oft auch nie wieder, bis ihr sie nach eurem körperlichen Tod, in großer Freude, wiederseht.

Besteht eine sehr große Liebe zwischen euch und einer anderen Seele, so kann es vorkommen, daß diese sich dafür entscheidet, immer um euch herum sein zu wollen, damit ihre Hilfe immer gleich da sein kann, wenn ihr sie braucht. Dafür kann diese Seele einen Seelenanteil bei euch lassen, während sie sich auch noch anderswo im kosmischen Raum aufhält. (Ihr könnt ja analog auch mit euren Verwandten per Telefon verbunden sein, damit sie euch anrufen können, wenn sie euch brauchen.) Ist euer Seelenalter bereits in den höheren Entwicklungsstufen angelangt, dann habt ihr auch die Fähigkeit, sie zu erkennen und anzunehmen – oder auch nicht –, was aber ihre Hilfe für euch nicht stört, eher nur erschwert. Aber natürlich ist es auch für die Seele im kosmischen Raum immer wunderschön, von euch erkannt und bewußt gebraucht zu werden. Manchmal kann sie sich mit euch auch liebend verbinden, indem sie euch mit ihrem Licht einhüllt. Ihr seht also, trotz der verschiedenen Dimensionsräume, in denen ihr euch befindet, könnt ihr euch dann, wenn ihr eine bestimmte Bewußtheit erlangt habt, verbinden und gemeinsam wachsen, und so euer spirituelles Bewußtsein zusammen erhöhen.

Viele von euch wissen bereits davon, daß sie so jemanden um sich haben, auch wenn sie nicht sagen können, wer es ist, und keinen Mut zum Austausch finden. Wir raten, schamanische Trommelreisen dazu zu benutzen, um zu euren Helfern zu gelangen und deren Aufgaben und Ziele zu erfragen und sie nach ihrem Namen und ihrer Verbundenheit mit euch zu befragen. Sie sind immer glücklich, euch darüber Auskunft zu geben und sich euch so noch mehr annähern zu können, und auch ihr werdet ein ungeahntes Glück darüber empfinden, von ihnen zu wissen und sie zu spüren und annehmen zu dürfen und dadurch zu verstehen, daß ihr nie allein seid.

Zumeist sind es die Seelenpartner aus dem eigenen Seelenfamilienverband, die sich dafür zur Verfügung stellen, wenn ihre Liebe zu euch unendlich groß ist, aber es können durchaus auch Seelen aus anderen Seelenfamilienverbänden sein, denn Seelen suchen Seelen auf vielfältige Weise.

Auch bei euren Geisthelfern habt ihr es immer mit einer weiblichen und einer männlichen Energie zu tun, weshalb für euch auch beide Formen in Erscheinung treten können.

Zwillingsseelen

Eure eineiigen Zwillinge, die sich bei euch aus einer Zweiteilung *eines* befruchteten Eies ausbilden, entstehen kosmisch aus einer noch einmal in sich geteilten Seelenfragmentation. Der Sinn der Zwillingsbildung ist es, daß eine *geteilte* Seele zur selben Zeit **doppelte** Erfahrungen sammeln kann, um diese „doppelten Erfahrungen" später ihrem Seelenfamilienverband zur Verfügung stellen zu können und damit sein schnelleres Wachstum und seinen Aufstieg zu garantieren. Diese Seelen, die als noch einmal in sich geteilte Fragmentation sehr sensible Seelen sind, werden von uns besonders unterstützt, weil wir ja wissen, daß ihre Leistung nicht einfach ist und nicht hoch genug eingeschätzt werden kann, weil sie zu unser aller schnelleren Evolution beiträgt.

Zweieiige Zwillingsseelen entstehen bei euch auf der Erde dadurch, daß sich eine andere Seele dafür entscheidet, zur selben Zeit mit einer bestimmten Seele in derselben irdischen Mutter zu inkarnieren, weil sie von sich aus noch nicht allein auf die Erde gegangen wäre. Auch hier spielt die besondere Liebe der beiden Seelenanteile füreinander eine große Rolle, sowie auch die Themen, die nur zusammen und als Geschwister und nicht in der Vereinzelung gelernt werden können. Diese Seelen können aus dem eigenen Seelenfamilienverband sein, aber auch zu anderen Seelenfamilienverbänden gehören.

Seelenpartner

Seelenpartner entstehen dadurch, daß sich zwei Seelen dafür entscheiden, für immer füreinander dazusein, zu sorgen und ihren Seelen miteinander so viel Wachstumsmöglichkeit wie möglich zu bieten, damit ihre Liebe in ihrer höchsten Vollendung erlernt werden kann und damit sie irgendwann als Alte Seele und Alte Weise Seele eine EINHEIT auf der Erde werden können.

Diese Seelenpartner können aus dem eigenen Seelenfamilienverband sein, aber auch zu anderen Seelenfamilienverbänden gehören. Sie können bereits im kosmischen Raum füreinander ausgesucht worden sein, aber auch erst auf der Erde zueinander finden.

Wer von den vielen Partnern, die eine Seele durch ihre Inkarnationszyklen auf der Erde gehabt hat, dann letztendlich als Seelenpartner „für immer" ausgesucht wird, bleibt ganz allein euren Gefühlen überlassen. Die Seelenpartnerschaften, die im Himmel geschlossen wurden und sich auf der Erde sozusagen „wiederfinden" müssen, werden oft von euch selbst ausgesucht, aber auch von uns initiiert; trotzdem habt ihr auch für sie immer die letztendliche Entscheidungsmöglichkeit in eurer Hand und könnt euch immer noch gegen sie entscheiden. Denkt daran, im Himmel ist die Liebe einfacher zu bewerkstelligen als auf der Erde. Wenn ihr euch trefft, dann denkt ihr, daß ihr alles schaffen könnt, und ihr fühlt eine große Anziehung und Liebe füreinander. Aber unter den Erdbedingungen müßt ihr diese Liebe beweisen und euch immer wieder einer Prüfung unterziehen; auch das ist nicht leicht.

Es gibt aber auch Seelen, deren Seelenprint eine Partnerschaft auf der Erde für nicht so wichtig hält, und die darum lieber in ihrer Vereinzelung bleiben, bis sie zu uns zurückkehren. Sie lernen die Liebe eher durch das distanzierte Beschauen anderer Beziehungen, so wie ein Gelehrter sich sein Wissen auch eher aus Büchern aneignet, als sich in Selbstversuche einzugeben. Diese Seelen können aber ihren Seelenpartner auch im Himmel haben und mit ihm das Versprechen eingegangen sein, keine andere Beziehung eingehen zu wollen, und sie sind darum nicht so sehr an einer irdischen Beziehung interessiert. Schätzt auch diese Seelen. Denn jede Erfahrung auf der Erde ist letztendlich wichtig für euch selbst und für eure und die anderen Seelenfamilienverbände und damit auch für die weitere kosmische Evolution.

Wir hatten ja bereits gesagt, daß Partnerschaften aus demselben Seelenfamilienverband leichter zu führen sind als die Partnerschaften mit Partnern aus anderen Seelenfamilien, daß das an der Ähnlichkeit der Seelen liegt, die es ihnen erleichtert, ihre Inkarnationen miteinander zu durchlaufen. Sie haben ja auch für ihren Seelengesamtverband letztendlich dasselbe Lernziel, das sie verfolgen. Darum sind ihnen Dramen, die sich aus der Andersartigkeit artfremder Seelenfamilien ergeben, auch fremd. Es ist wirklich schwerer, eine Seelenpartnerschaft erst auf der Erde zu entwickeln als sich ihrer zu erinnern, aber noch schwerer ist es, wenn diese Seele aus einem anderen – und vielleicht noch artfremden – Familienverband kommt.

Partnerbeziehungen aus derselben Familie gibt es auch bei euch auf der Erde unter Cousin und Cousine, die bei euch auch heiraten dürfen. Und wer solch eine Beziehung kennengelernt hat, der weiß, daß es sich hier immer um eine Verbindung von Partnern großer Ähnlichkeit und mit einem Gefühl von EINHEIT handelt, was nicht übersehen werden kann. Und so werden auch die Verbindungen zwischen Partnern aus derselben Seelenfamilie mit ihrer gelebten Harmonie bei euch auf der Erde – insbesondere in den älteren Seelenalterszyklen – immer auffallen.

Wenn ihr Seelenpartner aus derselben Seelenfamilie habt, heißt das aber nicht, daß ihr nun jedes Leben mit ihnen teilen könnt. Alle Seelenpartner – egal, wie sie verbunden wurden –, sollen lernen, sich unter den schwierigeren Erdbedingungen in „aller Bewußtheit" füreinander zu entscheiden. Die gründlichste Ausbildung erhaltet ihr natürlich nur dadurch, daß ihr manche Leben mit ihnen lebt und andere mit anderen teilen müßt, und so die Liebe in allen ihren Facetten erlernen könnt, was ja nur durch die Verschiedenheit der Partner möglich wird.

Ist die Seele bereits älter, dann spürt sie es bereits, wenn der Seelenpartner nicht mitgekommen ist, und sie erfährt das durch eine innere Sehnsucht, die nicht zu stillen ist. Manchmal zeigt sich ihr dieser Partner auch für eine kurze Zeit in eingekörpertem Zustand, oft aber verdichtet er sich nur und kann als Geistwesen ausgemacht werden. Viele von euch wissen, daß es eine Seele um sie herum gibt, die sie tröstet, wenn sie sich in den Schlaf weint, und die sie küßt und streichelt. Das machen aber nicht nur die zurückgebliebenen Seelenpartner gern mit euch, sondern auch die Seelengeschwister, die euch auch begleiten und die euch auch immer wieder gerne ihre Liebe zusenden, um euch zu stärken und an sie zu erinnern.

Es gibt aber auch Seelen, die sich für mehrere Seelenpartner entscheiden können, weil sie ein großes Herz besitzen. Diese Seelen haben es insbesondere schwer, weil sie lernen müssen, diese vielen Partner gleichermaßen anzunehmen und zu lieben. Das verursacht häufig in ihnen große Zerrissenheitsgefühle. Kann so eine Seele im Alte Seelen und Alte Weise Seelenalter schon diese Seelenpartner diesseits und jenseits des Schleiers erkennen, dann hält sie die Spannung noch weniger aus und möchte sich darum nur noch für den einen entscheiden, was daran liegt, daß eure Ehe-Muster – außer in manchen südlichen Kulturen – nur einen Partner zulassen.

Liest so eine Seele diesen Teil des Buches und fühlt sie sich dadurch angesprochen, so möchten wir ihr sagen, daß sie diese schwierigen Erfahrungen nicht nur für sich selbst machen muß, sondern daß sie für den gesamten Seelenfamilienverband von Wichtigkeit sind. Es sind zumeist die sehr mütterlichen Frauen, die diesen Seelenprint auf sich genommen haben und „immer lieben müssen". Sie sind keine „Huren" oder „Flittchen", wie ihr sie gerne bezeichnet. Erkennt, welche Erfahrungen auch euch dadurch zuteil werden. Sie sind wie die Mutter Erde, die sich für euer Wachstum auch in vielfältigster Weise zur Verfügung gestellt hat und die euch auch immer wieder alle lieben muß. Es gibt aber auch Männer mit diesem Seelenprint.

Beide sind außerordentlich wichtig für die NEUE ZEIT, um euch bei der Arbeit am Frieden – auch dem Frieden zwischen Männern und Frauen – zu unterstützen.

Besessenheit

Besessenheit gibt es aus unserer Sicht nicht!

Es ist jedoch so, daß die Seelen, die euch lieben und mit euch in Verbindung treten wollen – und zur Zeit wollen das viele, weil ihr euch durch die Veränderung eures Tag- und Nachtrhythmus und die Veränderung der Natur ausgelaugt fühlt –, euch dabei helfen wollen.

Da sie dieses „mit euch in Verbindung treten" nicht immer beherrschen, übertreiben sie oft und fühlen sich dann für euch zu stark und heftig an. Sie müssen sich aber auch darum mit stärkeren Mitteln annähern, weil ihr sie, durch die Hektik eurer Welt bedingt, sonst gar nicht mehr spüren würdet. Aber auch durch euer Nichtwissen – oder eure Ablehnung – macht ihr es ihnen schwer, sich euch vorsichtig anzunähern.

Ihr braucht wirklich keine Angst zu haben, denn häufig sind es eure Seelengeschwister oder eure vergangenen Lieben oder Verwandten, die euch aufsuchen. Dadurch daß sie – in die innerkosmischen Räume zurückgekehrt – wieder mehr kosmisches Wissen zur Verfügung haben, ist ihr Wissen über ihre Vergangenheit mit euch auch bereits wieder offener, während ihr durch eure Einkörperung auf der Erde ja Erinnerungslücken aufweist, ja aufweisen müßt, weil ihr sonst eurer Aufgabe auf der Erde nicht gerecht werden könntet, wenn ihr ständig bewußt auf mehreren dimensionalen Ebenen leben würdet. Das beherrscht erst die Alte Weise Seele, die dann die Fähigkeit hat, auch mit ihrem Seelenpartner eine Beziehung von hier nach da zu halten.

Ihr seht also, während die Seelen aus dem innerkosmischen Raum mit großer Freude und Liebe auf euch zugehen, daß ihr es seid, die erschrecken und darum vieles als „Besessenheit" interpretieren.

Vergeßt erst einmal eure Angst!

Prüft die Wesenheit, die sich euch immer wieder annähert. Sie läßt sich gerne prüfen.

Werdet mehrdimensional bewußt. Bleibt stark und ruhig und geht in die Meditation. Oder sucht euch Hilfen bei den mittlerweile unzählig arbeitenden geistigen Heilern und Schamanen, um herauszufinden, wer da ist und mit euch in Verbindung treten will; und warum der-(die-)jenige das will.

In den meisten Fällen werdet ihr erkennen, inwieweit ihr geliebt und gestützt werdet. Und wenn ihr das erkennt – wofür insbesondere Trommelreisen nützlich sind, in denen ihr selbst auf die Suche geht –, dann werdet ihr oft weinen, denn ihr bekommt auf diesem Wege eine Liebe zu spüren, die ihr auf der Erde so vermißt. Und das ist ja der Grund, warum ihr aufgesucht werdet.

Diese Liebe unterscheidet sich von unserer Liebe. Unsere Liebe ist distanzierter, mehr unpersönlich.

Und das liegt hauptsächlich daran, daß wir nie mit euch auf der Erde waren, euch nie körperlich berührt oder **besessen!!!** haben.

Viele von euch geistigen Lehrern sagen, daß eine gute Seele von der anderen Seite des Schleiers niemanden besetzt. Das ist aber nicht immer wahr. Es trifft auf uns zu, die höheren Bewußtseinsebenen, daß wir das nicht machen. Ehemalige Erdverbündete von euch sind häufig noch so in ihren Emotionen zu euch verstrickt, daß sie übertreiben, denn die Seele hat auch in den innerkosmischen Räumen einen Emotionalkörper.

Bleibt dann ruhig! Reinigt euch – mit Salbei den Raum geräuchert, mit Johanniskraut- oder Schlehenöl eingerieben – und bittet (betet) um Hilfe für diese Seelen. Auch Duschen kann eine enorme Erleichterung bieten, wie auch das Schwimmen, weil Wasser eine emotionale Heilung bewirkt; Wasser ist eine wunderbare weibliche Kraft.

Das, was euch am meisten beunruhigt, ist der Umstand, daß diese Seelen häufig in euer Sexualchakra schwingen. Haltet euch da (mit euren Händen) zu, wenn ihr das nicht ertragen könnt, und versucht herauszufinden, inwieweit die Sexualschwingung eure vergangenen Inkarnationen (aber auch dieses Leben) beeinflußte. Gerade wenn ihr allein lebt, habt ihr natürlich viel eher eine Offenheit für solche Schwingungen. Und denkt daran, nicht dunkle und völlig verschlossene Menschen werden gerne aufgesucht, sondern gerade die sehr lichten und offenen. Je mehr Wissen ihr über alles erlangt, um so mehr hilft das auch der sich euch annähernden Seele, zu wachsen und zu verstehen, daß sie sich euch anders annähern soll; sie bekommt ja jeden Gedanken mit. Also seid nicht verzagt, sondern stark und sagt ihr, was ihr wollt und nicht wollt und schickt sie weg, wenn ihr sie wirklich nicht mehr haben wollt.

Aber prüft das erst, denn manchmal kann so eine Seele für euer weiteres Wachstum wirklich sehr wichtig werden. Gerade jetzt in der NEUEN ZEIT geschieht es vielen Menschen, insbesondere den Lichtarbeitern, daß sie sich „besetzt" fühlen, weil sie sich anderen Dimensionen öffnen müssen.

Für diejenigen aber, die in dieser bereits angebrochenen NEUEN ZEIT mit großer Bewußtheit und Freude den Kontakt herstellen und halten können, ist der Abschied von diesen Wesenheiten zumeist auch wieder unvermeidbar und mit großen Schmerzen verbunden, denn viele von ihnen sind nur für spezielle Aufgaben da.

Aber natürlich gibt es auch Seelen, die bei euch sind, um sich an euch zu nähren, weil sie völlig verwirrte Seelen sind. Wenn ihr kräftig genug seid und das zulaßt, um dieser Seele eines Tages aus ihrem Zustand zu helfen, dann ist dagegen nichts zu sagen. Fühlt ihr euch aber schlecht und habt keinen Einfluß auf die Transformation dieser Seele, dann holt euch schnell Hilfe, um diese Belastung loszuwerden, denn dann nimmt sie euch wirklich zu viel Kraft.

Übergebt sie uns wieder, damit sie von uns angeleitet werden kann!

Das geht aber nur, wenn sie das will, und darum ist es wichtig, daß ihr sie in diesem Wollen unterstützt. Eines Tages muß ja auch sie ans Licht gehen, und das ist es, was ihr ihr sagen solltet. Häufig handelt es sich um verwirrte Seelen, die durch euch ihre Ängste überwinden wollen, die sie durch ihr Totsein noch immer empfinden und sich deshalb noch in den niederen astralen Ebenen aufhalten möchten, weil sie unsere tieferen kosmischen Räume fürchten. Erst die älteren Seelenalter (ab der Reifen Seele) haben sich an das Sterben gewöhnt und können das Bereisen der astralen Welten leichter gestalten und dafür unsere Hilfe anrufen.

Oft sind es aber auch nur noch Seelenanteile einer Seele, die sich bei euch aufhalten. Daß das nicht der richtige Weg – oder der nur zeitweise richtige Weg – für sie ist, das können sie nun von euch lernen. Wie schon gesagt, es sind insbesondere die lichteren Menschen, die dafür ausgesucht werden, denn sie tragen das Licht und die Freude in sich, die diese Seelen so dringend benötigen. Sie tragen aber auch die Kraft in sich, diese Seelen anzuleiten und ins Licht zu führen. Denkt daran, auch ihr ward einmal in eurer Seelenentwicklung in solchen Lagen und habt euch noch länger in den erdnahen, astralen Welten aufgehalten und euch gefürchtet, in die tieferen kosmischen Räume überzugehen. Ihr wißt doch sicherlich, daß eine Alte und Alte Weise Seele leichter stirbt als eine junge Seele, die am Materiellen stärker hängt, und daß ein Mensch, der große Schuldgefühle gegenüber jemandem hat, diese noch gerne vor seinem Tod loswerden möchte, weil er befürchtet, zu ihrer Erlösung bei uns durchs „Fegefeuer" zu müssen. Das wirkliche Fegefeuer aber sind immer die Schuldgefühle der Seele.

Herauszufinden, ob sich eine Wesenheit an euch nährt, die ein niedriges Schwingungspotential besitzt und sich durch eure Kraft erholen und stärken will, ist auch eine Aufgabe eurer NEUEN ZEIT, in der ihr euch aller Dinge bewußter werden sollt. Habt ihr so eine Wesenheit um euch, dann erlöst sie.

Aber denkt daran: Wenn ihr andere Hilfe sucht, so nehmt keine Hilfen in Anspruch, die exorzistische Teufelsaustreibungen veranstalten!!!

Eure Hilfe für diese Seelen muß immer eine Hilfe der größtmöglichen Liebe sein. Wir halten nur etwas von Erlösungen durch Liebe, aber nicht durch Macht und Magie. Wir nennen es „bemuttern", was ihr mit diesen Seelen machen solltet. Wenn ihr ihnen erklärt, daß sie wieder in ihren Seelenfamilienverband zurückkehren müssen und sich davor nicht mehr verschließen dürfen und daß sie euch ängstigen und auch eure Erdentwicklung behindern, dann entschließen sie sich zumeist, das auch zu tun. Sie sind ja auch froh über eure Unterweisungen.

Viele dieser umherirrenden Seelen sind auch eines gewaltsamen Todes gestorben und wollten sich eigentlich noch nicht von der Erde und den Zurückgebliebenen trennen. Denkt daran, wie schwer das für sie sein muß. Betet für sie und hüllt sie in eure Liebe ein und bittet sie, ihre Seelenverbandsführer zu sich zu lassen, die ihre Seele gerne entgegennehmen möchten. Um das aber zu können, muß jede Seele von sich aus dazu bereit sein.

Ihr könnt diese Seelen aber immer von den Seelen unterscheiden, die gerne mit euch zu ihrer eigenen und eurer Seelenentwicklung arbeiten wollen: Wesen mit einem niedrigen Schwingungspotential, wir nennen sie „die traurigen Seelen", sind oft heftig und polterisch, wenn sie sich euch annähern, und sie saugen an euch, weil sie euch besitzen wollen, und sie machen das vornehmlich in euren Sexualzentren. Zum Teil tun das aber auch die euch liebevoll begleitenden Seelen für eine Weile, bis sie merken, daß es weder euch noch ihnen gut tut. Die „traurigen Seelen" können euch aber nie die Liebe vermitteln wie diejenigen Seelen, die euch etwas zu sagen haben und euch belehren wollen und damit auch eine Geistführerfunktion einnehmen. Diese kommen immer mit Wärme und Mitgefühl zu euch, und fühlt ihr euch beängstigt, dann bemühen sie sich auch, von euch zu lassen. Aber wie gesagt, das braucht manchmal Zeit, bis sie und auch ihr gelernt habt, damit umzugehen. Denkt auch daran, daß sich auch die liebevollen Seelen an wunderschöne Gefühle mit euch und auch an ihre sexuelle Nähe zu euch erinnern.

Wie gesagt, es gibt viele Formen der Annäherung, und was ihr selbst ertragen könnt und für eure eigene Entwicklung noch braucht, das müßt ihr selbst entscheiden. Alle diese Schwingungspotentiale, die euch entgegenschlagen, sind nicht leicht zu verkraften und müssen erst von euch erkannt und eingeordnet werden; selbst dann, wenn sie aus einer höheren Ebene stammen. Ungefähr so, wie wenn ihr auf der Erde mit Menschen eines völlig anderen Völkerstammes zusammentrefft, die andere Gepflogenheiten und Werte haben. Um Vertrauen zu ihnen zu fassen, müßt ihr erst einmal diese Andersartigkeit studieren und verstehen; erst dann wagt ihr es, euch auf sie einzulassen.

Um sich euch zu zeigen, müssen sich die Wesenheiten verdichten. Um sich zu verdichten, müssen sie die Energiemöglichkeiten der vier Elemente Feuer, Wasser, Luft und Erde benutzen.

Deshalb mögt ihr euch bedrängt fühlen durch Hitze und Funken, das Anbeamen wie mit einem Laserstrahl, durch Wasserperlungen auf der Haut, durch Drücken des Körpers oder durch einen Windstoß oder durch einen Geruch, einen Kälteschub und Berieselungen, die euch erschauern lassen; aber auch durch das Wabern der Lüfte und Verschiebungen von Räumen und evtl. auch dadurch, daß man sich für euch – feinstofflich oder grobstofflich – sichtbar macht und daß Geräusche gemacht werden.

Auch elektrische Anlagen werden gerne von ihnen benutzt, wie der Fernseher, das Radio, Steckdosen und elektrische Leitungen, die dann

Geräusche machen oder nicht mehr funktionieren. Bleibt auch dann still und versucht herauszufinden, was die Information ist.

Besessenheit ist Unwissenheit darüber, wer die Seelen sind, die euch aufsuchen und auf welcher Bewußtseinsstufe ihrer Entwicklung sie sich gerade befinden, und darüber, daß es so etwas wirklich gibt, daß es unzählige Seelen gibt, die sich nah an euch begeben und von euch wärmen lassen wollen, aber auch von euch lernen und euch belehren wollen.

Das zu verstehen, sowie auch alle dazugehörigen Phänomene, ist nun für a l l e Menschen wichtig, die sich gerade im Lichtkörperprozeß befinden und ihre spirituelle Entwicklung vorantreiben wollen und müssen, denn wenn ihr euer Bewußtsein auf multidimensionaler Ebene öffnet, bewirkt das immer den Einlaß aller möglichen Arten von Bewußtseinen. Davon bleibt dann keiner von euch verschont, und wie gesagt, in eurer jetzt bereits angebrochenen NEUEN ZEIT werden sich nun alle Menschen für die anderen Bewußtseinsebenen öffnen müssen und damit solche Bewußtseinszustände durchmachen – nicht nur die Lichtarbeiter. Der eine schon jetzt, andere später.

Alle Dinge brauchen ihre Zeit!
Wenn euch das alles jetzt und in Zukunft passiert, dann sehen wir euch zu und stehen euch bei. Uns ist dieses Thema nicht fremd. Das hat es schon immer gegeben. Auch eine Beziehung von der einen Seite des Schleiers zu der anderen, wie sie Schamanen in einer Geistehe pflegen, darf sein und ist nicht schlecht.

Es ist nur eure Erziehung, die diese Dinge alle unter den Tisch gefegt hat, die euer altes spirituelles Wissen waren. Die weisen Frauen und Männer im Mittelalter (auch Schamanen, Zauberer und Heiler) hatten noch bestimmte Pflanzen zur Verfügung, durch die sie sich den Wesenheiten auf der anderen Seite leichter annähern konnten, und sie konnten mit Hilfe dieser Pflanzen auch eine Geistehe vollziehen. Diese Tatsache wird euch noch heute vermittelt, indem man den Hexen nachsagt, daß sie mit dem Teufel geschlafen haben.

Nein, sie haben eine Traumehe mit den Partnern vollzogen, die sie auf der anderen Seite getroffen haben; ob es nun ihre Seelenpartner waren (zumeist war das so, weil sie ja schon höherentwickelte Alte und Alte Weise Seelen waren) oder nicht. Manchmal gingen sie aber auch auf die Trancereise und suchten sich jemanden für ihr „Liebesspiel" aus. Ihr seht also, was für euch in eurem Erdenleben möglich ist, ist auch in der geistigen Welt möglich.

Wir sind dafür, daß ihr nicht alles wegjagd und euch verkriecht vor Angst, wenn euch bestimmte Annäherungen „passieren". Wir sind für eine Öffnung eures Bewußtseins und für eine Erweiterung eures spirituellen Wissens, damit ihr selbst unterscheiden könnt, was ihr wollt und was ihr nicht wollt. Und wir sind für eine Öffnung, damit sich eines Tages alles mit allem verbinden kann.

TEIL III
DIE SEELENALTERSZYKLEN

Die Seelenalterszyklen

Aus ihren zahlreichen und vielfältigen Inkarnationen soll die Seele lernen, Erfahrungen zu sammeln, um dann eines Tages wieder zu ihrem Ursprung zurückkehren zu können; zurück zu der Seelenfamilie, aus der sie kam und mit der sie gemeinschaftlich einen „Lernauftrag" zu erfüllen hat.

Diese Seelenfamilie ist als eine Gesamtseele zu verstehen, aus der jeder Einzelne, der sich für seine Lebzeiten inkarniert, eine Fragmentation ist. Daraus ergibt sich, daß alles, was ihr während eurer Inkarnationsabläufe lernt, letztendlich dem Familienverband als Gesamtseele zur Verfügung gestellt wird und zugute kommt.

Jede Seelenfamilie besteht aus unterschiedlich vielen Mitgliedern (Fragmenten oder Seelenanteilen), so wie bei euch auf der Erde eure Familien auch immer unterschiedlich viele Familienmitglieder aufweisen. Zumeist handelt es sich aber um etwa viele tausend Seelenanteile.

So wie ihr euch auf der Erde – wenn ihr ein hohes Alter erreicht – in sieben Entwicklungszyklen von einem Baby zu einem Kind und von einem Kind zu einem Jugendlichen und dann zu einem Erwachsenen und danach zu einem reifen Menschen und später zu einem alten und alten weisen Menschen entwickelt, so findet auch die Seelenentwicklung in diesen Altersstufen statt, und deshalb sprechen wir von der Entwicklung der **Babyseele,** der **Kindseele,** der **Jugendseele,** der **Erwachsenenseele,** der **Reifen Seele,** der **Alten Seele** und der **Alten Weisen Seele.** – Und so wie bei euch auf der Erde die genannten Entwicklungszyklen verschiedene Längen aufweisen, beinhaltet auch jeder Seelenaltersentwicklungszyklus diese unterschiedlichen Längen, und damit unterschiedlich viele Inkarnationen, die durchlaufen werden müssen.

Alle Seelenalter haben ihre Qualitäten, aber auch ihre Problemstellungen, denen sich jede Seele während ihres Durchlaufs zu stellen hat. Das ist nicht einfach, denn um sich den Problemen auf der Erde zu stellen, benötigt jede Seele sehr viel Mut und Zuversicht, um immer wieder eine erneute Inkarnation anzutreten.

Kein Seelenalter ist schlechter oder besser als das andere.
Jeder von euch startete einmal seine Reise auf der Erde als Babyseele und wird sie als Alte Weise Seele wieder verlassen, um dann für immer in seinen kosmischen Seelenfamilienverband zurückzukehren.

Das Wissen über die Seelenalter, das wir euch für dieses Buch vermitteln, darf nicht dazu benutzt werden, über einen Menschen zu richten. Da alle Menschen bis zum völligen Weisheitsgrad ihrer Seele die Seelenalter immer von der Babyseele bis zur Alten Weisen Seele in Folge durchlaufen müssen, ist jeder von euch auch immer nur bedingt fähig, über seinen eigenen Entwicklungsstand hinauszuschauen.

Das von uns nun aufgezeigte Seelenentwicklungsmodell soll aber gerade in der heutigen Zeit den Alten und Alten Weisen Seelen (und manchmal auch schon den Reifen Seelen) helfen, ihren eigenen Seelenentwicklungstand zu verstehen und ihnen auch verdeutlichen, daß sie es sein müssen, die die Verantwortung für eine bessere NEUE ZEIT in den Händen zu halten haben, daß sie nicht umsonst ihre Erfahrungen in euren alten Kulturen machen mußten; daß es für sie nicht umsonst gewesen ist, die Blütezeiten dieser Kulturen, aber auch ihre schmerzlichen Untergänge mit vollzogen zu haben.
Das von uns aufgezeigte Seelenentwicklungsmodell soll den älteren Seelen auch klarmachen, daß sie die jungen Seelen an die Hand nehmen sollen und müssen und darin schulen, mit der Erde schonend und liebevoll umzugehen, und daß ihr nicht mehr den Erwachsenenseelen die Strukturgebung für das mitmenschliche Verhalten und Geschehen

überlassen dürft, und es soll euch auch aufzeigen, daß es inbesondere die Reifen Seelen sind, die euch als Rebellen lehren wollen, was nicht in Ordnung ist, denn sie sind die mutigsten Seelen auf eurem Planeten, weil sie insbesondere alles über das Herz zu filtern beginnen.

Alle Seelenalter sind von größter Wichtigkeit für eure Evolution.

Das folgende Seelenentwicklungsmodell gibt euch also die Möglichkeit, ein höchstmögliches Verständnis und Liebe und Mitgefühl füreinander zu entwickeln und bei euch selbst zu erkennen, an welchem Punkt eurer Entwicklung ihr steht.

Ihr sollt daraus lernen, wo ihr bereits Lehrer und wo ihr noch Schüler seid.

Das ist es, was wir wollen, denn für die NEUE ZEIT werden diese Unterscheidungsmerkmale wichtig werden, damit die jungen Seelen endlich an die Hand genommen werden und die alten Seelen erkennen können, daß sie sich nicht mehr in die Nischen abdrängen lassen dürfen, daß sie dringendst gebraucht werden, um die Welt zu verändern.

Seele und Psyche

Bevor wir auf die sieben verschiedenen Seelenalterszyklen eingehen, ist es uns wichtig, euch den Unterschied zwischen der Seele und der Psyche aufzuzeigen, der bei euch auf der Erde leider kaum gemacht wird.

Ihr sagt, ihr geht zu einem Psychologen, der eure Seele heilen soll. Jedoch sind beide – die Seele und die Psyche – grundverschiedene Einheiten.

Die Seele ist euer SEIN, das ihr bereits immer – von Anbeginn der Schöpfung – ward. Sie ist unzerstörbar.

So wie ihr für euren Körper das m e n t a l e Bewußtsein als Geist-Bewußtsein habt, so hat eure Seele das s p i r i t u e l l e Bewußtsein als Geist-Bewußtsein.

Die Psyche ist ein Kontrollorgan und verbindet euer spirituelles Bewußtsein mit eurem mentalen Bewußtsein, durch das die Bewußt-heit der einen Ebene zu der anderen hin- und herfließen kann (siehe Skizze VI). Wir bezeichnen die Psyche in ihrer Gesamtheit auch gerne als Filterorgan, weil alle Eindrücke von dem körperlich-mentalen Bewußtsein und dem seelisch-spirituellen Bewußtsein **immer** gefiltert werden müssen. Denn hättet ihr alle Bewußtheit ständig offen, würdet ihr nicht existieren können.

Skizze VI

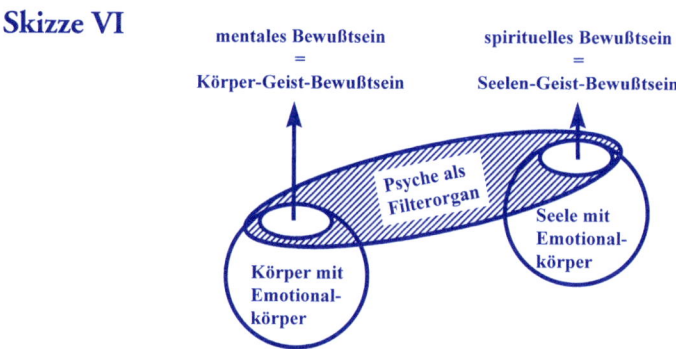

Die Psyche verbindet auch eure beiden Emotionalkörper, die jeweils vom mentalen oder spirituellen Bewußtsein gesteuert werden können. Nicht nur im eingekörperten Zustand habt ihr es schwer, eure Emotionen in den Griff zu bekommen, sondern auch eure Seele hat es im nichteingekörperten Zustand nicht leicht, mit ihren Emotionen fertig zu werden.

Da alle Dinge miteinander verwoben sind – nur in der Skizze findet ihr die Trennung aus Verständnisgründen grob vor –, müssen *alle* Bereiche, solange ihr lebt, ineinanderfließen. Damit dieses Ineinanderfließen aber nicht chaotisch wird – z.B. dadurch, daß euer spirituelles Bewußtsein für euch auf der Erde vollständig offen und euch dadurch keine Entwicklung auf der Erde mehr möglich ist, weil ihr von den vielen Eindrücken eurer vergangenen Leben zu überwältigt wäret – ist die Psyche als Filterorgan lebenswichtig. (Übrigens: Alles Stoffliche unterliegt im Kosmos diesem Aufbau, auch die Erde, die Sterne usw.)

Wenn ihr die Erde verlaßt, dann geht das Bewußtsein der Psyche wieder in das Bewußtsein der Seele mit ein, und erneuert ihr euch als Mensch, dann muß sie sich wieder an den neuen Körper – als Filterorgan – anhaften. Das ist wichtig, weil auch eure Psyche sich, analog zum Entwicklungsstand eurer Seele, mit entwickeln und anpassen muß. Eine Alte Weise Seele muß z.B. eine stärkere Durchlässigkeit ihrer Psyche aufweisen als eine Erwachsenenseele, die in ihrer Sensitivität noch ein groberes Verhalten aufweist. Wenn die Filterung der Psyche nicht mehr im Einklang mit eurer Seelenentwicklung steht, dann kommt es zu vielfältigen psychischen Störungen, die aber alle immer dann zu durchlaufen haben, wenn ihre Seele für ihren Entwicklungsstand eine größere Durchlässigkeit fordert. Das sind dann die spirituellen Krisen, die alle Menschen im Laufe ihrer Entwicklungsgeschichte immer wieder durchzumachen haben – jeder auf seine Emotionalkörper-Art. Es ist also nicht richtig, wenn in eurer Psychologie solche Bewußtseinskrisen pathologisiert und die Begriffe „Seele" und „Psyche" miteinander vermischt werden. Ohne das Wissen des Behandlers über das Interagieren von spirituellem und mentalem Bewußtsein und dem Wissen von der Funktion der Psyche als Filterorgan behandelt er immer nur das mentale Bewußtsein und einen Teil der Psyche. Um aber vollständig heilen zu können, muß der Behandler die Seele mit ihrem spirituellen – unsterblichen – Bewußtsein anerkennen und davon wissen, was der Sinn des Lebensrades ist, das für den Kreislauf der

Entwicklung durch die sieben Seelenalterszyklen steht, dem keiner von euch entkommen kann, weil eure Seele ihre Entwicklung bei allem, was ihr macht, immer vorantreiben will (auch wenn ihr manchmal das Gefühl habt, daß jemand – oder auch ihr selbst – in seiner Entwicklung still steht, ist selbst der Stillstand, weil ihr durch ihn ja etwas tiefer zu begreifen lernt, bereits Evolution und somit auch wichtig).

Da alles mit allem verwoben ist, darf auch kein Teil negiert werden. Ihr müßt multidimensional denkend werden!

Dann geht es auch nicht mehr darum, die zu behandelnde Person für eure momentane Gesellschaftsform „fit" zu machen, sondern darum, zu erkennen, was der Seelenwachstumsauftrag dieser Person ist, und sie dabei zu unterstützen, diesem Auftrag gerecht zu werden.

Wir hoffen, daß der nun folgende Abschnitt über die spezifischen Seelenalterszyklen euch dabei hilft, Konzepte für die Zukunft zu entwickeln, um die Heilung und die Entwicklung eurer g e s a m t e n vieldimensionalen Persönlichkeit voranzubringen.

Das ist die Priesterarbeit für die NEUE ZEIT; damit sich immer mehr Menschen ihrer Multidimensionalität bewußt werden können!

Die Babyseele

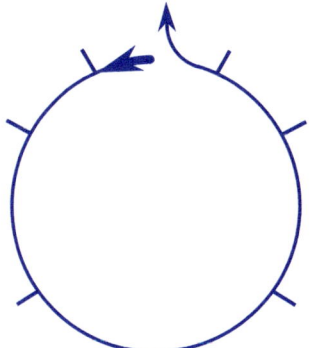

Skizze VII

Es gibt auf der Erde nur noch sehr wenige Babyseelen. Das liegt an der Beschleunigung des gesamten Kosmos und der Erde und den von euch hervorgerufenen Umweltbedingungen, durch die sich alle Seelen bereits inkarnieren und nun auch ihre Inkarnationen in diesem Seelenzyklus schneller vorantreiben mußten als bisher.

Jetzt kommt es – wie bereits gesagt – zu keinen Ausschüttungen von Seelen mehr. (Zu den prozentualen Gewichtungen der Seelen in den unterschiedlichen Zyklen sagen wir später noch mehr.)

Die letzten Babyseelen kamen vor etwa zweihundert Jahren und haben jetzt bereits durch ihre beschleunigten Inkarnationsfolgen mit nur kurzen Leben ein Ende ihres Babyseelenalters erreicht.

Wenn sich alle Seelen bei euch bereits inkarniert haben, um das Wachstum ihrer Seele noch garantieren zu können, so ist es natürlich für die Babyseele ganz vordringlich, ihren Wachstumsprozeß noch eiliger voranzutreiben, denn, wie sich aus der oberen Skizze ersehen läßt, liegt noch ein langer Weg vor ihr, bis sie zu ihrem Seelenfamilienverband **für immer** zurückkehren kann.

Als die heute Alten und Alten Weisen Seelen noch Babyseelen waren, hatten sie viel mehr Zeit für ihre Inkarnationen in einem Zyklus zur Verfügung. Heute muß ein Lernprogramm innerhalb einer Inkarnation absolviert werden – und das gilt nun für alle Seelenreifestadien –, für das früher mehrere Inkarnationen und auch längere Leben zur Verfügung standen.

Das bedeutet: Um die Babyseele müssen sich die älteren Seelen, gleich welches Seelenalter sie auch immer erklommen haben, insbesonders kümmern.

Wenn die Seele sich die ersten Male aus ihrem Seelenfamilienverband löst, dann lebt sie, wie ein Baby das eben macht, noch nicht auf einer sehr bewußten Ebene. Sie hat nun einen Körper und sie spürt die Veränderung der Dimension, in der sie zu leben kam. Da sie gerade aus dem Kosmos „herausgefallen" ist (besser gesagt: „ausgeschüttet" wurde), hat sie natürlich auch noch eine große Rückbindung zu uns in den innerkosmischen Räumen. Diese Erinnerung weiß noch um das Eingebundensein in ihren Seelenfamilienverband, mit dem sie auch noch innerhalb ihrer ersten drei Inkarnationen wie mit einer undurchsichtigen Nabelschnur stärker verbunden bleibt. Erst danach ermöglichen ihr die nächsten Inkarnationen, auf der Erde heimischer zu werden.

Diese Verbundenheit mit ihrem Seelenfamilienverband ermöglicht es ihr aber auch, das Sterben noch leicht zu nehmen. Da sie das Leben selbst noch wie einen Traumzustand empfindet, ist auch das Sterben für sie so, als wenn sie von einem Traumzustand in den anderen übergeht. In den späteren Seelenalterszyklen wird das Sterben für sie dann aber immer schwieriger, weil der Drang, auf der Erde bleiben zu wollen, von Inkarnation zu Inkarnation zunimmt.

Wie im Kosmos eingebunden zu sein, bleibt deshalb auch lange das größte Verlangen dieser Seele. Deshalb bevorzugt sie irdische Familienverbände, die ihr möglichst für ihr ganzes Leben ein Zuhause und ein Überleben garantieren.

Durch ihre starke Rückbindung zu uns und ihre Unerfahrenheit mit der Erde und den Menschen ist die Babyseele insbesondere anfällig für Bösartigkeiten.

Im Kosmos war Liebe.

Sie muß erst lernen, daß andere Menschen ihr zum Feind werden können, daß sie noch nicht für sich selbst sorgen kann, daß sie abhängig ist, ja, daß sie arglos ist.

Aber mit jeder erneuten Inkarnation beginnt sie das alles zu lernen. – Und sie will wachsen und wie ein Baby, das schon bald krabbeln lernt, die ersten „von-den-Eltern-weg-Übungen" machen. Trotzdem wird sie sich nie lange von ihren Eltern entfernen, weshalb sie auch im irdischen Erwachsenenalter irgendeinen Beruf ausübt, der möglichst nicht weit von ihrem Zuhause entfernt ist und ihr nicht all zu viel abverlangt und ihr die Möglichkeit gibt, sich zu jeder Zeit wieder in den Schutz ihrer Familie zurückzubegeben.

Aber eigentlich ist es so, daß diese Seele am liebsten gar nicht arbeiten möchte.

In eurer heutigen Gesellschaft ist es für so eine junge Seele natürlich sehr schwer. Sie muß sehr häufig hart arbeiten und sie findet auch oft nicht mehr die Heimat vor, die sie für ihr junges und unbewußtes Leben noch so dringend benötigt. Sie muß sich insgesamt bereits härteren Lebensbedingungen stellen als vor noch tausend Jahren z.B.

Auch wenn diese Seele sich zumeist bemüht, in einem Land zu inkarnieren, das ihr die besten Entwicklungsbedingungen zur Verfügung stellt, so ist es in eurer heutigen beschleunigten Zeit nicht mehr garantiert, daß diese Bedingungen für sie ein ganzes Leben lang gewährleistet sind.

Sie kam vielleicht in Afrika zur Welt, weil dort erst einmal ein Familienverband mit der Bereitschaft zur höchstmöglichen Liebe, Geduld und Behutsamkeit zur Verfügung gestellt werden konnte. Doch dann hungert diese Familie und sie muß in die Städte ziehen, in denen Kriege herrschen, und sie landet dann letztendlich bei euch in einem Land, das sie auch nicht haben will und sie ausweist.

Überlebt so etwas ein Baby?

Nein!

Dann zieht die Babyseele es zumeist vor, nicht so alt werden zu müssen. Ganz einfach zieht sie sich dann wieder auf die Ebene zurück, die ihr ein Zuhause geboten hat mit der größtmöglichen Liebe überhaupt.

Sie möchte sich solchen Situationen, die bei euch ja eher zu- als abnehmen, erst dann wieder stellen müssen, wenn sie bei uns eine Warteschleife eingelegt hat.

Wir im innerkosmischen Raum sind dann insbesondere gefragt, diesen Seelen viel Trost zu geben, damit sie wieder Mut für eine erneute Inkarnation schöpfen können.

Damit diese Seelen aber auch Hilfen auf der Erde haben, ist es uns wichtig, insbesondere die Alten und Alten Weisen Seelen zu bitten: „Nehmt wie weise Eltern diese Babyseelen unter eure Fittiche. Adoptiert sie, damit sie nicht auf der Strecke bleiben und sich auch noch zu Alten Weisen Seelen entwickeln können. Adoptiert sie, indem ihr sie aufnehmt und spirituell schult. Seit euch im klaren über die Mühen, die wir von euch erwarten! Es gibt bei euch auf der Erde ja bereits ähnliche Bemühungen durch Adoptiveltern, die sich zur Verfügung stellen, Kinder zu adoptieren, die dem Leben sonst hilflos und schutzlos ausgeliefert gewesen wären; die es diesen Kindern ermöglichen, durch die nun verbesserten Lebensbedingungen bei ihnen eine schnellere Entwicklung zu nehmen. So schnell oft, daß sie durch diese Hilfe nicht nur große Entwicklungssprünge zu einer höheren Bildung machen können, sondern daß auch ihre Seele so eine schnellere Entwicklung in ihrem Entwicklungszyklus vornehmen kann. Und das ist wichtig in eurer NEUEN ZEIT, in der die Entwicklung aller Seelen – aber insbesondere der noch jüngeren Seelen – insgesamt schneller vorangetrieben werden muß.

Ihr seht, was wir meinen?
Überall findet ihr einen Spiegel!
Wie oben, so unten.

Analogien sind überall zu finden, und wenn wir euch die Entwicklungsanalogien vom Kosmos zur Erde auf diese Weise vorstellen, so werdet ihr sicher noch mehr Analogien vorfinden, die wir hier nicht alle benennen können, weil es zu viele davon gibt. Aber indem ihr darüber nachdenkt, könnt ihr noch besser verstehen lernen, wie sich eine noch s o junge Seele in eurer Welt fühlen muß. Der Wachstumsstress, dem sie unter euren verschlechterten Umweltbedingungen auf einer ausgelaugten Mutter Erde ausgesetzt ist, ist wirklich dramatisch.

Hat eine Babyseele einen Ehepartner, so ist dieser wichtig, um ihr die Eltern zu ersetzen. Wenn sie Kinder hat, dann ist sie noch kein Elternteil, dem die Schulbildung der Kinder wichtig ist. Die Babyseele möchte ihre Kinder auch so aufwachsen sehen, wie sie es – unter den günstigsten Umständen – tun konnte, weil sie Stress und Probleme allgemein noch nicht durchhalten kann.

Auch wenn Babyseelen ein hohes irdisches Alter erreichen, was heute bei euch, wegen eurer Beschleunigungen, eher selten ist, kann man ihnen ihr Babyseelenalter immer ansehen. Sie strahlen eine Frische und Unbedarftheit aus, die ihr nur bei Babies findet, und auch eine Arglosigkeit, die euch anrührt.

Babyseelen schlafen gerne viel und möchten auch gerne viel träumen (beides, um auf diese Weise noch bei uns sein zu können). Sie wollen ein wenig spielen, leichte Arbeiten verrichten, und sie sind gerne in der Natur, weil sie noch spüren, daß die Erde ihnen eine mütterliche Heimstatt gibt und eine große Urmutter ist.

Wie gesagt: Ihr ward alle einmal eine Babyseele.
Und wohl dem, der heute eine ältere Seele ist und deshalb nicht mehr als Babyseele in eurer beschleunigten und schweren Zeit leben muß. Deshalb ist es uns wichtig, euch ältere Seelen zu bitten: "Adoptiert sie.

Sie brauchen euer Wissen, um die Beschleunigung zu bestehen, in der sich die Welt zur Zeit befindet."

Und noch etwas: Wie Babies für Eltern sind diese Seelen für euch ein großes Geschenk, denn sie stellen sich zur Verfügung, euch zu zeigen – gleich einem Spiegelbild –, daß auch ihr einmal eine Babyseele gewesen seid.

Denkt immer daran: Ihr hattet mehr Zeit!

Laßt davon euer Herz berühren!

Die Kindseele

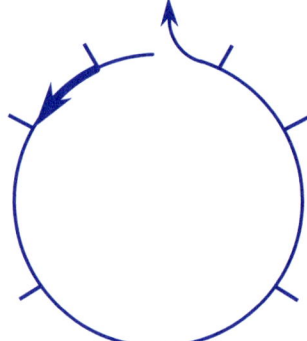

Skizze VIII

Zur Zeit gibt es auf eurem Planeten noch mehr Kindseelen als Babyseelen. Aber da auch sie ihre Entwicklung schneller vorantreiben müssen, verringert sich auch ihre Anzahl in den nächsten Jahrhunderten und Jahrtausenden zunehmend.

Hat erst einmal die Babyseele ihren „Laufstall" verlassen und erste eigene Schritte gewagt, dann kommt die Zeit des Kindseins.

Während die Babyseele noch ohne Argwohn ist, beginnt die Kindseele nun mit dem „Fremdeln". Sie weiß bereits, daß sie nicht mehr jedem trauen darf, und deshalb verschließt sie sich vor Fremden. Ihre Erfahrungen mit Menschen werden jetzt schon im Halbbewußten wahrgenommen. Deshalb filtert diese Seele nun und hält sich nur noch offen für Verwandte und deren Freunde und Bekannte; für Menschen also, bei denen sie sich relativ sicher fühlt. Jetzt wird ihr bereits klar, wer zu ihr gehört und wer nicht.

Die Welt außerhalb der Familie erscheint ihr bereits als bedrohlich. Sie ist durch Erfahrungen mißtrauisch geworden.

Auch diese Seelen leben noch in Familienverbänden, die ihnen Schutz bieten können. Auch sie bevorzugen zum Inkarnieren noch Orte und Gegenden, die ihnen nicht all zu viel abverlangen und kein zu hohes Lebenstempo aufweisen wie in euren Städten z.B. (Was aber nicht heißt, daß in eurer heutigen Zeit solche Seelen nicht in den Städten zu finden sind.)

Nach ein paar Inkarnationen in diesem Zyklus werden nun aber die Familien von ihr schon für kurze Zeit verlassen, um erste „Gehversuche" in der Welt unternehmen zu können. Dafür benötigt diese Seele aber den ganzen Schutz der Familie, weshalb sie in allem, was sie unternimmt, auch gleichzeitig eine Rückbindungsmöglichkeit an sie einschließt.

In diesem Seelenalterszyklus steht das Spielen noch im Vordergrund, und so ist auch das „Sich-herauswagen" in die Welt für sie eine Art Spiel. Auch eure Kleinkinder verstehen es noch als Spiel, wenn sie einmal woanders übernachten oder für ein paar Tage zu Verwandten fahren dürfen. Dieses „Sich-herauswagen" ist aber wichtig, damit die Seele selbständig werden kann.

Die Kindseele beginnt nun mit dem Basteln und Bauen, und was dann für Außenstehende im Endresultat noch nach gar nichts aussieht, ist für diese Seele aber, für spätere Seelenentwicklungszyklen, äußerst wichtig. Ein späterer Künstler wird so vielleicht erst einmal ein Handwerk ausüben, das noch nach gar nichts aussieht, und ein späterer Gelehrter wird vielleicht in diesem Entwicklungszyklus Dinge sammeln, wie er später in den älteren Seelenalterszyklen Wissen anzusammeln lernt.

Die Kindseele hat noch keine Kritik an eurer Welt wie der nachfolgende Seelenentwicklungszyklus der Jugendseele. Sie nimmt noch alles hin oder quengelt, wenn sie Dinge nicht haben kann, nicht mag oder anders ihre Ziele nicht erreichen kann. Daher ist sie auch nicht mehr ganz so in sich, wie sie es noch als Babyseele war, als sie sich noch mehr aus der Erinnerung an ihren kosmischen Seelenfamilienverband nähren konnte. Sie kennt nun auch schon Eifersucht, Neid und Gier, doch die halten nicht lange an. Dinge haben zu wollen und besitzen zu können, spielen jetzt eine Rolle und bestimmen die Laune ganz wesentlich. Trotzig zu sein, ist deshalb auch eines ihrer Hauptmerkmale. Aber trotzdem ist diese Seele noch immer relativ leicht zufriedenzustellen.

Wie man aus der Grafik ersehen kann, liegt noch ein langer Weg der Entwicklung bis zur Alten Weisen Seelenreife vor ihr, der für sie ungewiß ist. Da ihr aber ihre Rückbindung zum Kosmos schon ein Stück verlorengegangen ist und sie diese nicht mehr in demselben Maße nachvollziehen kann wie vorher, als sie noch eine Babyseele war, beschließt sie, zu wachsen und zu ruhen und sich die Welt mit ihren Regeln genau anzusehen und möglichst für nichts zur Rechenschaft gezogen zu werden.

Die Liebe zu einem Partner wird in diesem Seelenzyklus auch noch, wie im Zyklus der Babyseele zuvor, als Elternersatz verstanden, jedoch mit einem Unterschied, jetzt beginnt die Seele zu entdecken, daß der

Partner einen anderen Körper hat als sie selbst und auch andere körperliche und seelische Bedürfnisse. Partnerschaften werden hauptsächlich eingegangen, um zu überleben. Deshalb hat diese Seele es auch mit den verschiedensten Abhängigkeiten und den daraus resultierenden Problemen zu tun. Dagegen anzugehen, wird aber von ihr erst im nächsten Seelenalterszyklus, dem Zyklus der Jugendseele, angestrebt.

Die Anforderungen sind heute für die Kindseele enorm.

Für sie ist es schwer einzuschätzen, in welcher Lebenssituation sie eigentlich ist. Sie versteht noch nicht – und sie hat auch kein Interesse daran, es zu verstehen –, welche soziologisch/psychologischen Hintergründe für euer gemeinschaftliches Zusammenleben und Überleben eine Rolle spielen, weil ihr Erfahrungsbereich, wie wir es schon definierten, noch mehr im Halbbewußten liegt.

Weil diese Seele so gerne spielt, ist sie besonders empfänglich für „Spielzeuge" wie Autos und Handys, mit denen sie vorgeben kann, erwachsen zu sein, so wie bei euch die kleinen Kinder auch gerne mit Spielzeugautos, Puppenstuben und Kindertelefonen spielen, um die Erwachsenenwelt zu kopieren.

Um sich Dinge leisten zu können, ist sie auch empfänglich für das schnelle Geld. Und weil sie noch nicht die Ernsthaftigkeit hinter allen Dingen sehen kann, kann sie schnell zum Handlanger für unrechtes Tun werden und damit bereits mit dem Gesetz in Konflikt geraten. Auch wenn das nur negativ klingt, so liegt darin natürlich auch ihr Wachstum begründet, denn so werden ihr Recht- und Unrechtbewußtsein auf diese Weise erst zugänglich gemacht.

Wenn diese Seele einen Beruf ausübt, dann will sie noch nicht an verantwortlicher Stelle stehen. Sie möchte noch nicht allzuviel lernen müssen, sie möchte eher passiv bleiben. Dadurch kann sie aber auch immer von denen ausgenutzt werden, die sie für ihre Bedürfnisse einsetzen.

Wird für diese Seele ihr Leben zu schlimm, so kann sie sich aber immer wieder – wenn ihre Lebensumstände nicht härter sind – auf ihre irdische Familie berufen, die sich ja einmal dazu bereiterklärt hat, sie zu beschützen; anders als die Alte und Alte Weise Seele, die zumeist eine irdische Familie nicht mehr oder nur noch sehr kurz ihr eigen nennen können.

Zur Zeit müssen die Kindseelen dahin geführt werden, schneller Verantwortung zu übernehmen und ihre Seelen zu verfeinern. Das ist besonders für diejenigen schwer, die sich als Lehrer für diese Aufgabe zur Verfügung stellen sollen, weil – und das ist seit Atlantis neu – der spirituelle Gedanke nun auch wieder zu den Kindseelen fließen muß, damit sie in der NEUEN ZEIT die Erde mit retten helfen. Ihr seht also, auch wenn diese Seelen noch unbeschwerter als die Seelen der nächsten Zyklen durchs Leben gehen können, daß ihr Auftrag aber jetzt ein besonderer ist, daß ihnen ihre nächsten Inkarnationen in den nächsten Jahrhunderten einiges abverlangen werden. Und dazu habt ihr mit euren verschlechterten Umweltbedingungen ganz erheblich beigetragen.

Den Kindseelen ihre Seelenreise erleichtern zu helfen, dafür haben wir auch bereits die „Mütter der Welt" ausgebildet. Wenn sie aufwachen und um ihre kosmische Verpflichtung wissen, dann werden sie auch wissen, was zu tun ist, um der Kindseele in ihrer Entwicklung beizustehen.

Die Jugendseele

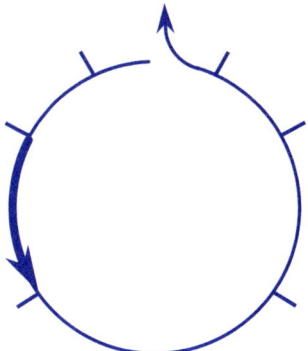

Skizze IX

Zur Zeit gibt es bei euch viele Jugendseelen.

Mit der Jugendseele ist es genauso wie mit den Jugendlichen bei euch auf der Erde.

Sie ist nun soweit herangereift, daß sie lernt, flügge zu werden, und wenn sie ein paar Inkarnationen in diesem Seelenalterszyklus hinter sich hat, dann geht sie auch schon allein ihren Weg, denn die Familie ist für die Jugendseele dann nicht mehr so wichtig (außer als Versorger). Sie wird aber als Meßlatte dafür benutzt, um daran zu bestimmen, wie man nicht werden möchte.

Anstatt die Familienmitglieder noch als wichtigste Personen zu betrachten, wie in den Seelenaltern zuvor, müssen nun die Freunde diese Rolle übernehmen, und deshalb findet ihr die Jugendseele auch insbesondere in Gruppen der verschiedensten Art vor, die die Familie ersetzen können. Ihr findet sie in Sportvereinen, in Sekten, bei Technoparties, überall dort, wo Gemeinsamkeit hergestellt oder auch nur suggeriert wird. Denn allein sein kann diese Seele noch nicht. Spaß zu haben, ist für dieses Seelenalter in allen Lebenslagen vorrangig. Und das ist wichtig, denn dadurch daß sie sich mit Spaß in alle Lebensbereiche einlassen kann, lernt sie, ihr Bewußtsein für andersgeartete Menschen oder fremde Institutionen und andere Länder z.B. zu erweitern.

Auch die Einnahme von Drogen bietet dieser Seele die Möglichkeit, ihr Bewußtsein zu erweitern, ebenso wie die Dramen, die sie sich so gerne erschafft, um sich selbst zu spüren, aber auch, um zu erkennen, inwieweit der andere seine Persönlichkeit zum Ausdruck bringt und inwieweit die Bedürfnisse bei anderen anders gelagert sind als bei ihr. Auch die laute Musik, die eine Jugendseele so liebt, gewährt ihr die Möglichkeit, grenzüberschreitende Bewußtseinszustände zu erleben.

Das Hauptentwicklungsthema dieses Seelenalters ist die Neugier.

Aus dieser Neugier heraus kann sie viele verrückte Dinge tun, ohne sich dafür zu sehr zu hinterfragen. Das mag einerseits für diese Seele schwierig werden können, wenn sie dadurch mit dem Gesetz in Konflikt gerät, aber andererseits ist sie dadurch auch immer ein Vorreiter für neue Lebensarten. (Das ist sie nicht nur in eurer jetzigen Zeit, das war sie auch schon vor Tausenden von Jahren.) Bedenkt, wie viele Jugendseelen sich in den 7oer und 8oer Jahren den verschiedensten Sekten angeschlossen haben (womit wir nicht sagen wollen, daß es n u r die Jugendseelen waren) und inwiefern sie dadurch auch anderen Menschen die Möglichkeit eröffnet haben, sich einmal in anderen Ländern und Religionen umzusehen und mit deren Werten und Weisheiten auseinanderzusetzen.

Für die Baby- und Kindseele interessiert sich die Jugendseele nicht. Sie ist den jüngeren Seelenaltern nun endlich entwachsen und flügge geworden. Mit ihnen will sie wirklich nichts mehr zu tun haben. Aber auch für das Leben von Erwachsenenseelen zeigt sie noch kein Interesse (das macht sie erst zum Ende dieses Zyklus). Vorerst möchte diese Seele auf jeden Fall vermeiden, so werden zu müssen wie sie.

Aber wie sie einmal werden möchte, davon hat sie auch noch kein klares Bild.

Und so versucht sich die Jugendseele in ihren vielen Inkarnationen in diesem Zyklus in den verschiedensten Lebensstilen, in denen sie Spaß und Spannung haben kann.

Das Erwachsenenseelenleben wird von ihr als starke Einschränkung empfunden, denn sie liebt die Freiheit über alles, und tatsächlich ist es auch so, daß sie nie wieder so eine Freiheit erlangen wird.

Gleichgesinnte, möglichst andere Jugendseelen, werden nun gesucht, mit denen sie sich austauschen möchte. Die Beziehungen, die dadurch untereinander entstehen, müssen keine Beziehungen für die Dauer sein, weil Gruppen, Vereine und Sekten auch immer wieder – ganz im Gegensatz zu den Eltern – ausgetauscht werden können. Wenn der Druck in den Gruppen zu groß wird und es zu Reibereien kommt, dann geht die Jugendseele zumeist leichten Herzens und sucht sich ein neues „Spielfeld".

Verantwortungen auf Dauer zu übernehmen und auch zu ertragen, ist für diese Seele noch schwer, das lernt sie erst im nächsten Zyklus der Erwachsenenseele. Vorerst möchte sie so unbeschwert wie möglich durchs Leben gehen können. Auch Partnerschaften werden deshalb nur locker eingegangen. Wenn sie es doch einmal ernst meint, dann fehlt ihr aber zumeist die Ausdauer dafür, die Bindung länger zu erhalten.

Für die Jugendseele bedeutet Sexualität Spaß, Spiel und Unterhaltung und das spielerische Kennenlernen ihres eigenen Körpers und des Körpers ihres Gegenübers. Die Folgen, wie z.B. ein Kind zu bekommen oder körperlich krank durch variablen Partneraustausch zu werden, möchte sie noch nicht bedenken. Kinder, die aus einer Verbindung von Jugendseelen stammen, sind zumeist ungewollt und werden dann bei Verwandten und Bekannten herumgeschoben oder auch in ein Heim gebracht.

In diesem Seelenzyklus beginnen die Seelen nun, schuldig zu werden. Auch die vielen Abtreibungen, die in eurer heutigen Welt fast zur Regel geworden sind, gehen darauf zurück, daß die Jugendseele Spaß, aber noch keine Verantwortung tragen will. Und da ihr euch mittlerweile vieler moralischer Werte entledigt habt, weil ihr keine Rückbindung zu uns im Kosmos mehr verspürt, so habt ihr euch auch ein Rechtssystem erschaffen, das es relativ leicht macht, sich so zu verhalten, und damit habt ihr die Hemmschwelle für eure Schuldgefühle noch weiter heruntergebaut.

Die Frauen sind es, die in diesem Seelenalterszyklus überhaupt noch bereit dazu sind, die Verantwortung für ihre Kinder zu übernehmen, auch wenn es ihnen schwer fällt. Aber die Mutterrolle ist eine Rolle, die auch spielerisch übernommen werden kann, und über diese Möglichkeit kann die weibliche Jugendseele über sich selbst hinauswachsen und damit ganz erheblich zu ihrer Entwicklungsbeschleunigung beitragen. Das kann insbesondere dann geschehen, wenn ihr diesen Frauen zu Hilfe kommt.

Zum Ende dieses Seelenalterszyklus' möchte die Jugendseele schon wissen, was die **eine große Liebe** ist – zum einen, weil sie es spürt, daß es so etwas gibt, und zum anderen, weil ihr ja immer darüber redet, und manchmal findet sie ja auch zwei Menschen, die ihr eine EINHEIT vorleben – und sie beginnt nach ihr Ausschau zu halten. Doch was eine wirkliche Liebe sein soll, ist für sie noch sehr vage. Sie versteht noch nicht, daß Liebe aus der Verantwortung heraus erwächst und nicht aus den hormonell hervorgerufenen großen Gefühlen, die ihr bei der ersten Begegnung oder dem körperlichen Miteinander spürt. Sie kann noch nicht wissen, was die Alte und Alte Weise Seele bereits wissen, daß der Seelenpartner erst durch die verschiedenen Inkarnationen und Inkarnationszyklen hindurch wiedergefunden (wenn er kosmisch bestimmt war) oder ausgewählt und erschaffen werden muß. Beides dadurch, daß man insbesondere zu dieser Seele hält – auch bei bereits kosmisch initiierten Seelenpartnerschaften – und Disziplin übt und sich selbst hintanstellen kann. Jede Liebe heißt Opfer erbringen. Und zu opfern, ist diese Seele noch nicht bereit.

In diesem Seelenalter hat die Seele auch Schwierigkeiten zu teilen. Hat sie die Fähigkeit erlangt, durch einen Beruf für sich selbst zu sorgen und zu Wohlstand zu kommen, so gibt sie davon nicht gerne ab.

In diesem Seelenalter gibt es – analog zu eurem irdischen Jungendalter – große Kämpfe mit dem Elternhaus. Das Establishment wird kritisiert und bekämpft. Der Vater wird als Repräsentant des Establishments verstanden und darum häufig abgelehnt und sogar gehaßt. Die Mütter von Jugendseelen kommen zumeist besser weg, weil Frauen weicher sind und damit vermehrt den Ansprüchen dieser Seelen nachkommen können. Deshalb werden die Mütter zumeist sehr geliebt. Und stirbt einmal der Vater oder geht aus anderen Gründen aus dem Haus, dann gehen diese Seelen gerne wieder heim in „Mutters Schoß". Ihr findet viele Jugendseelen in ihren älteren irdischen Lebensjahren bei ihrer Mutter wohnend vor.

Doch wenn die Jugendseele älter wird und sich in den letzten Inkarnationen in diesem Zyklus befindet, dann weiß sie, daß sie nicht immer „jugendlich" bleiben kann, daß sie wachsen muß. Damit die Seele wachsen kann, begibt sie sich nun doch mehr und mehr unter den Schutz der Erwachsenenseelen, die sie bis dahin so vehement abgelehnt hat.

Wenn die Jugendseele sich zuvor eher noch etwas von den Alten und Alten Weisen Seelen hat sagen lassen – wie die Jugendlichen sich bei euch auch eher noch etwas von ihren Groß- und Urgroßeltern sagen lassen –, so lehnt sie diese jetzt ab, weil sie glaubt, daß ihr nur die Erwachsenenseele mit ihrer materiellen Einstellung und ihrem „realen" Denken Sicherheit für ein geordnetes Leben bieten kann. Und das ist für sie zum Ende dieses Zyklus immer wichtiger, weil sie für ihre bis dahin gehabte Verantwortungslosigkeit auch immer wieder bezahlen mußte und nun auch den Druck, dadurch schuldig zu sein, zu spüren beginnt.

Und so wie sich ein Lehrling bei euch unter die Fittiche seines Meisters begibt, so begeben sich die alt gewordenen Jugendseelen nun unter den Schutz der Erwachsenenseelen und auch der Reifen Seelen. Die Kritik, die sie insbesondere für den Erwachsenenseelenzyklus einmal hatten, der das Patriarchat schlechthin darstellt, weil er insbesondere die Männer bevorzugt, läßt dann nach. Die Jugendseele versucht sich in der Anpassung zu üben und zu lernen. Sie beginnt nun nach und nach, selbst Verantwortung zu übernehmen. Sie lernt die Macht- und Ohnmachtspiele der Erwachsenenseelen verstehen und zu übernehmen, und sie hat nun keinen kritischen Blick mehr für deren negative Auswirkungen, die damit verbunden sind und die sie vordem einmal gesehen hatte.

Wenn die Kindseele von den Erwachsenenseelen für ihre Machenschaften noch schuldlos ausgenutzt werden konnte, weil sie noch zu unwissend war, so läßt sich die Jugendseele nun nur zu gerne für deren Pläne einsetzen, weil sie dadurch an der Macht teilhaben kann.

Kunst ist für die Jugendseele oft mit lautem Gebaren verbunden und wird am liebsten noch in der Reproduktion geäußert. In der Arbeitswelt werden auch noch keine verantwortlichen Posten übernommen, weil ihr die Verantwortung noch Angst macht. Die Jugendseele wechselt auch häufig ihre Arbeitgeber, weil sie ein auffälliges Verhalten aufweist und noch nicht mit Ernsthaftigkeit bei der Arbeit sein kann.

In eurer heutigen Zeit sind auch diese Seelen aufgefordert, schneller ihren Entwicklungszyklus zu durchlaufen. Diesen Druck spüren die Jugendseelen bereits, was zum Teil den Eindruck erweckt, als ob sie sich überschlagen und ihre Roheit insbesondere zum Ausdruck kommen will, aber auch ihre Tollkühnheit und ihren Mut leben sie dadurch stärker aus.

Diese Seelen werden aber gerade in der NEUEN ZEIT dafür wichtig werden, die Welt zu verändern. Egal, an welchem Punkt ihrer Entwicklung sie stehen. Sie werden lernen müssen, daß die Erwachsenenseele mit ihren Regeln zwar auch Gutes geschaffen hat, daß sie aber insbesondere an der immensen Ausbeutung der Erde beteiligt ist und damit die Lebensgrundlage für alle Lebewesen auf der Erde für immer zugrunde richtet.

Die Jugendseelen sind deshalb aufgefordert, nun völlig neue Lebensmuster für ihren bevorstehenden Erwachsenenzyklus zu schaffen. Deshalb richten wir unseren Sinn und unsere ganze Hoffnung auf dieses Seelenalter – so wie auch ihr auf die Jugendlichen auf der Erde setzt –, daß sie das nächste Stadium ihrer Entwicklung, das Stadium der Erwachsenenseele, nicht mehr dazu benutzt, um für sich selbst die größtmögliche Macht und den größtmöglichen Wohlstand erreichen zu wollen, sondern um sich in der größtmöglichen Verantwortung für euch und euren Planeten insgesamt zu üben.

Auch wenn diese Seelen heute noch unfertig und roh erscheinen mögen, so setzen wir auf ihre Neugier, auf ihre Experimentierfreudigkeit und auf ihre Tollkühnheit, um auch mit ihnen die NEUE ZEIT gestalten zu können, die ja eine Zeit des Friedens werden soll.

Die Erwachsenenseele

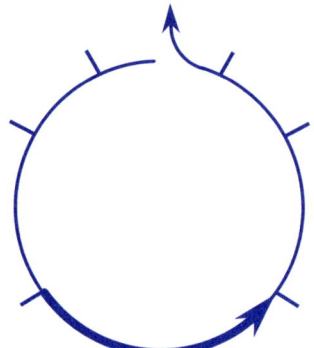

Skizze X

Dieser Seelenzyklus ist bei euch zur Zeit mit den meisten Seelen vertreten.

Auch die Erwachsenenseele ist am Anfang ihrer Entwicklung noch nicht bereit, für ihr Tun die volle Verantwortung zu übernehmen. Dazu braucht sie ein paar Inkarnationen. Doch so nach und nach, von Inkarnation zu Inkarnation, beginnt sie, Verantwortungen zu suchen und auch Freude daran zu haben. Sie entdeckt, daß ihr Gegenüber Bedürfnisse hat, die es zu erfüllen gilt. Und das ist das Positive an diesem Zyklus, auch wenn das Dienen noch keine Herzensangelegenheit ist, wie beim nächsten Zyklus, dem Reife Seelenzyklus. Die Bedürfnisse des anderen werden jetzt gesehen, weil sie selbst so starke Bedürfnisse hat und sie befriedigt haben will. Und das kann sie am besten dadurch, daß sie sich eine bestimmte Position innerhalb der Gesellschaft erarbeitet, die ihr materielle Sicherheit verschafft. Und das wird nun zu ihrem ganzen Bestreben.

Während die Jugendseele nur ab und zu daran interessiert war, sich an der Macht zu versuchen, so ist dieser Seelenzyklus nun bereit, für diese Macht etwas und manchmal sogar alles zu tun; bis hin zu kriminellen Handlungen, die zumeist aber nicht aus *seelischen* emotionalen

Motiven heraus passieren, weil man jemanden so liebt oder haßt. Hier spielen materielle Bedürfnisse, die es zu befriedigen gilt, immer eine übergeordnete Rolle.

Da die Erwachsenenenseele an der Macht so viel Gefallen hat und diese auch insbesondere in eurer heutigen Gesellschaft kaum hinterfragen muß, weil es so viele Erwachsenenseelen gibt, die die Machtstrukturen ja selbst erschaffen haben, vergißt sie darüber völlig (die Seelenalter zuvor haben ja noch immer eine gewisse Rückbindung zu uns), nach einer anderen, einer übergeordneten Macht zu fragen. Und kommen ihr doch einmal Zweifel und sie spürt durch Schicksalsschläge, daß sie einer kosmischen Macht unterworfen ist, dann werden diese Gedanken von ihr wieder schnell weggefegt, denn an der eigenen Macht darf nicht gezweifelt werden, weil Zweifel Schwäche bedeutet. Für dieses Seelenalter könnte der Leitsatz stehen: „Lieber Gott, gib doch zu, ich bin man viel klüger als du …".

Da Macht Arbeitsaufwand und wenig Ruhe und Innehalten beinhaltet, ist dieser Seelenzyklus insbesondere an der zusätzlichen Beschleunigung eurer Erdschwingung, die ihr zur Zeit alle aushalten müßt, ursächlich beteiligt.

Die Erwachsenenseele ist auch die Erfinderin des Patriarchats.
Der Erwachsenenseelenzyklus ist der Zyklus, in dem sich Männer und Frauen am meisten voneinander unterscheiden. Während die Jugendseele im Geschlechterverhalten eher noch ein androgynes Verhalten aufweist, weil sie spezifische Verantwortungen noch nicht bereit ist zu übernehmen, wird im Erwachsenenzyklus eine rigorosere Geschlechtertrennung vorgenommen, die darauf basiert, daß spezifisches Geschlechterverhalten ein Überleben der Familien sowie auch ein Funktionieren ihrer „männlichen" Ordnung garantieren soll.

In diesem Zyklus geht es am meisten darum, daß alles seine Ordnung hat und funktioniert. Es geht nicht mehr um Spaß wie im vorhergegangenen Zyklus der Jugendseele. Es geht auch noch nicht um Herzensangelegenheiten wie beim nachfolgenden Zyklus der Reifen Seele.

Hier geht es um das Überleben.

Und es geht um mehr als das normale Überleben. Es geht darum, so gut wie möglich zu überleben. Die größte Angst, die diese Seele hat, ist, am Rande der Gesellschaft stehen zu müssen. Damit sie sich immer wieder selbst beweisen kann, wie wichtig sie als Person ist, schafft sie sich gerne Statussymbole und Reichtum an, die diese Wichtigkeit unterstreichen sollen.

Wie gesagt: Die Erwachsenenseele hat das Entwicklungsziel der Jugendseele mit „Ich will Spaß und die Welt kennenlernen" verlassen, und übt sich an der Macht. Aber nun muß sie auch lernen, dafür Verantwortung zu übernehmen. Durch ihre Fehlschläge, die sie in besonders vielfältiger Form erlebt, wird sie dann aber auch immer wieder darauf verwiesen, daß andere Menschen andere Bedürfnisse haben und daß es diese zu erfüllen gilt, um ein gesellschaftliches Miteinander und Gleichgewicht zu bewahren.

Dieses Seelenalter findet ihr insbesondere in kaufmännischen Berufen, die ihm die Möglichkeit bieten, materielle Sicherheiten für sich zu schaffen (und auch möglichst schnell zu schaffen). Aber dieses Seelenalter ist auch gerne in euren gesetzgebenden und -ausführenden Berufen zu Hause. Das macht sie einerseits sicher, auf der anderen Seite schaffen diese Gesetze für sie aber auch immer wieder Unsicherheiten, wenn die Machtstruktur der Seele noch so groß ist, daß sie dafür die Gesetze selbst übertreten muß. Aber auch dafür findet sie durch geschicktes Manipulieren Lösungen. Gesetze können hin- und hergeschoben werden, damit genetische Manipulationen und Tierversuche z.B. doch ausgeführt werden können. Diese Seelen sind maßgeblich an der Erfindung eurer Doppelblindstudien beteiligt, damit erzwingbar wird, was nicht erzwingbar ist, daß das Wissen der Welt zu jeder Zeit wiederholbar ist und es keine Unwägbarkeiten geben darf. Damit würden sie ihren Glauben an sich selbst nicht mehr wie eine Fahne vor sich hertragen können. Und das würde Ohnmacht bedeuten. Und Ohnmacht bedeutet für diese Seele „größte Gefahr".

Es sind gerade die Erwachsenenseelen, die in der Wiederholung ihres täglichen Lebens Sicherheit suchen. Sie sind eigentlich als die ängstlichsten und konservativsten Seelen zu betrachten, denn nur eine Seele, die Angst hat, benötigt für ihr Denken, Fühlen und Handeln Schablonen.

Dieser Seele machen auch ihre inneren Bilder Angst.

Ihre Träume vergißt sie am liebsten. Wenn sie trauert, versucht sie zu vergessen, und sie rettet sich dann lieber in Sarkasmus als in ihre Innenwelten, die ihr höchst suspekt sind.

Für ihre Familie übernimmt die Erwachsenenseele gerne die Verantwortung. Aber noch nicht aus einer großen Liebe heraus, sondern wegen der Gruppenzugehörigkeit, die so eine Familie bietet. Und natürlich bietet eine Familie den geeigneten Ort, um sich auch da in der Macht zu üben. Deshalb tragen die Familien, in denen mehrere Erwachsenenseelen zu Hause sind, immer große Machtkämpfe aus. Aber auch Vereine und Organisationen und die Politik bieten für diese Seele gute Lernflächen, um sich mit Macht- und Ohnmachtsthemen auseinanderzusetzen.

Diese Seele drängt auch anderen Menschen gerne ihre Meinung auf.

Auch wenn sie gerne diskutiert, interessiert es sie noch nicht, psychologische Zusammenhänge zu erkennen, die insbesondere dadurch zu erkennen sind, daß ihr Diskussionspartner sein Herz offenlegt. Das Herz will noch nicht verstanden werden, nur das, was im Außen sichtbar und für sie selbst verwendbar ist.

Trotzdem ist für die Erwachsenenseele der Familienverband äußerst wichtig. Nicht nur für die eigene Sicherheit und den Rückzug von der anstrengenden Welt (deren Beschleunigung sie maßgeblich verursacht hat), sondern auch darum, weil es in allen Familien Mitglieder in den unterschiedlichsten Seelenaltersstufen gibt, die eine Garantie dafür bieten, daß durch Reibung und Diskussion und Andersartigkeit ihr

Wachstum ermöglicht wird. – Und auch wenn wir dieses Seelenalter als besonders problematisch darstellen, so müssen wir auch hier wiederholen, daß jedes Seelenalter von Wichtigkeit ist und daß ihr alle diesen Zyklus durchlaufen müßt oder bereits durchlaufen habt.

Erwachsenenseelen lassen sich selten aus eigenem Antrieb heraus scheiden. Für sie ist die Ehe so wichtig, damit sie ihnen einen Rückzug aus der anstrengenden Welt gewährleistet. Werden sie von einem Ehepartner verlassen, so sehen sie sich schnell nach Ersatz um. Eine Heirat aus Sicherheitsgründen ist die Regel. Partner mit Geld werden deshalb bevorzugt. Diese Seelen kann man auch daran erkennen, daß sie das Zusammenleben mit ihrem Partner weniger mit Liebe erklären als eben aus den schon genannten Sicherheitsgründen. Diesen Mangel verspüren sie selbst aber zumeist nicht; erst in den letzten Inkarnationen in diesem Zyklus, wenn sich ihr Herz zu öffnen beginnt.

„Techtelmechtel" bieten diesem Seelenalter die Möglichkeit zu lernen, daß es die verschiedensten Arten von Begegnungen gibt. Die Sexualität wird noch mehr als „Technik zum körperlichen Orgasmus" gewertet. Das Herz spielt noch eine untergeordnete Rolle. Geht diese Seele eine außereheliche Beziehung ein, so sind Unwahrheiten an der Tagesordnung, um das Familienleben so gut wie möglich zu erhalten und keine Unwägbarkeiten aufkommen zu lassen; also möglichst alles in der Hand zu behalten.

Mit ihren Kindern haben diese Seelen zumeist eine Freundschaft auf der Basis: Werde so wie ich, dann bist du okay.
Sind die Kinder dann anders, d.h. gehören sie einem anderen Seelenalterszyklus an, sind die Ablehnungen dieser Seele oft mit so viel Härte verbunden, daß Trennungen für immer oder eine allgemeine Sprachlosigkeit zur Regel werden. Das treibt die Erwachsenenseele dann in ein unfreiwilliges Eremitendasein, das sie kaum ertragen kann, denn das Alleinsein wird von ihr erst in den späteren Seelenalterszyklen gelernt und geschätzt.

Aber diese Erfahrung ist für sie von äußerster Wichtigkeit. Da erst das an sich selbst leidende Herz andere Herzen verstehen lernt, lernt diese Seele, daß sie ihr Gegenüber als eigenständiges Wesen kennen- und später auch liebenlernen muß, da sie sonst für immer von allem abgetrennt bleiben würde.

Die große Angst ums Überleben rührt in diesem Seelenalterszyklus auch aus der noch relativ frischen Erinnerung an die Jugendseelenzeit her. Sie hat damals für ihr störrisches Verhalten oft bezahlen müssen, das will sie nicht mehr. Sie will jetzt alles in der Hand behalten, und deswegen ist sie auch unentwegt an einer Machterweiterung interessiert, so sehr interessiert, daß sich nicht nur die Menschen, sondern auch die Natur ihrem Willen und ihren Wünschen zu beugen hat.

Diese Seele baut Atomkraftwerke, ohne die Energie zu beherrschen. Sie baut Transportmittel, die eure Welt vergiften und das Leben unnötig beschleunigen und damit so schwer machen.

... und weil diese Seele möchte, daß es ihr immer gut geht, findet sie auch immer wieder Nischen, in die sie sich zu diesem Zweck begeben kann. Die erschafft sie sich mit Geldern – denn Geld ist in diesem Seelenalter das Tor zur Welt –, mit denen sie sich dann Recreation Center oder Golfplätze bauen und leisten kann, wo die nicht mehr heile Welt (an deren Zustandekommen sie maßgeblich beteiligt war, um zu ihrem Reichtum zu gelangen, was sie aber nicht sehen will), draußen bleibt und sie in ihrer Freizeit nicht daran erinnert, daß es schon fast zu spät ist für die Natur.

Neid, Gier und Mißgunst spielen für dieses Seelenalter eine große Rolle, wenn es Leben in diesem Zyklus gibt, in denen man nicht zu dem Erfolg gelangt, den man sich wünscht. Gab es Neid und Gier auch schon im Kind- und Jugendseelenalter, so kann die Erwachsenenseele für dieses Gefühl nun auch leicht zum Mörder werden.

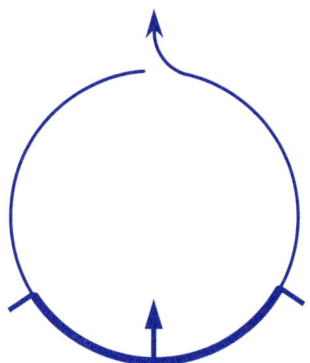

Skizze XI

Aus der Skizze XI wird ersichtlich, daß sich die Seele in der Mitte dieses Zyklus am weitesten von ihrem kosmischen Seelenfamilienverband entfernt hat. Und ihr könnt daraus auch erkennen, daß sie deswegen auch am weitesten davon entfernt ist, ein schöpferisches Prinzip hinter allen Dingen zu vermuten. Dabei braucht auch diese Seele „Gottheiten". Die erschafft sie sich in Form von Idolen: Fußballer, Boxer, Rennsportfahrer, Schauspieler, Sänger, Politiker, Adelige u.v.a.. Sie können alle zu „abwägbaren" Götzen gemacht werden, die sie auch wieder absägen kann, wenn sie es will, was ihre Machtstruktur äußerst beruhigt.

Doch wenn diese Seele erst einmal die Hälfte ihres Seelenzyklus zurückgelegt hat, dann gibt es auch für sie keinen Weg mehr zurück. Dann muß auch sie sich auf ihren Heimweg machen.Und dazu muß ihre Seele reifen und lernen, von ihrer Macht abzugeben.

Um die Macht abzugeben, muß die Seele aber vorher erst lernen, daß es eine höhere Macht gibt, und damit ihre Ängste wieder zulassen, sich in diese Macht einzugeben. Sie muß dafür lernen, daß auch für sie nicht mehr alles „mach"bar ist. Sie muß nun wieder durchlässiger werden und auch ihre Härte aufgeben.

Zum Ende dieses Seelenreifezyklus hin werden von ihnen diejenigen Seelen wieder gesucht, mit denen sie einmal auf der Erde verbunden waren. Aber ein Wiedererkennen dieser Seelen auf der Erde, obwohl die Absprachen dafür in unseren Räumen erfolgten, ist meistens noch nicht gegeben; auch ein Erahnen nicht. (In der jetzt begonnenen NEUEN ZEIT aber ändert sich auch das für die Erwachsenenseele, weil alle Menschen nun einer schnelleren Entwicklung zugeführt werden müssen.)

Kunst wird von diesem Seelenalterszyklus zumeist noch in der Wiedergabe von Gesehenem ausgedrückt. Das Ausdrücken seelischer Schwingungen ist ihm noch fremd, ja suspekt.

Eine Erwachsenenseele kann man daran erkennen, daß sie keine weichen Züge mehr aufweist, wenn sie auf der Erde ihr analoges Erwachsenenalter erreicht hat. Anders als die Jugendseele, deren Aussehen immer eine Wildheit und ein jugendliches Aussehen zeigt, auch dann, wenn sie ein altes irdisches Alter erreicht hat, wirkt die Erwachsenenseele immer farbloser und grober als die übrigen Seelenalter. Sie kann noch nicht so sensibel und ätherisch wirken wie die Seelen in den nächsthöheren Seelenentwicklungsstufen der Reifen Seele, der Alten Seele und der Alten Weisen Seele, dafür muß sie sich erst noch verfeinern lernen. (Da alles außen wie innen ist, entspricht natürlich auch immer eure körperliche Struktur eurer seelischen Reife.)

Die Erwachsenenseele wirkt fast immer angespannt. Selten ist sie entspannt anzutreffen, denn sie möchte immer parat sein, alles im Griff haben zu können. – Und sie liebt moralische Imperative, die ihr die Macht absichern, aber noch keine spirituelle Grundlage haben.

Frauen werden von der männlichen Erwachsenenseele am wenigsten anerkannt. Sie sind ihnen, wie wir bereits sagten, zur Stabilitätserhaltung der Familie und des Berufes wichtig, mehr oft nicht. In ihrem Anderssein werden sie von der männlichen Erwachsenenseele kaum wahrgenommen, und wenn sie sich damit doch bemerkbar machen, werden sie als Bremse für ihre eigenen Machtansprüche empfunden. Deshalb gehören für sie die Frauen auch ins Haus oder sie dürfen ihnen als Handlangerinnen im Beruf zur Seite stehen. Damit haben sie sie auch als Konkurrentin ausgeschaltet, die an ihren Machtansprüchen kratzen könnte.

Auch wenn die weibliche Erwachsenenseele unter den Machtansprüchen und dem Lebensstil der männlichen Erwachsenenseele leidet, so kann sie aber – wegen der Seelenähnlichkeit – noch keine eigenen Lebensformen wagen wie die Frauen im nachfolgenden Seelenalterszyklus der Reifen Seele und der noch älteren Seelen, die dafür schon wieder mehr Mut und vor allem ein rebellisches Herz und ein inneres Wissen besitzen. Hat ein Erwachsenenseelen-Mann eine Reife Seelen-Frau geheiratet, dann sind große Querelen um die Freiheit der Reife Seelen-Frau nicht zu umgehen, die zumeist darin enden, daß die Frau für immer geht (es bedeutet fast immer ein Opfer für eine ältere Seele, eine jüngere zu heiraten oder sie auch anders zu begleiten).

Der Mensch im Erwachsenenseelenzyklus hat es aber auch nicht leicht.

Er kann nur seine Entwicklung deutlich beschleunigen, wenn er denen zuhört, die sich – wie die Alte und Alte Weise Seele – darüber im klaren sind, daß eine Rückbindung an den Kosmos jeder Zeit möglich ist, wenn man es nur geschehen lassen will.

Diese Seele muß insbesondere lernen, daß niemand untertan gemacht werden darf, daß Unterjochung immer ein Zeichen von Angst ist. Wenn sie das lernt und lernt, ihre Angst auch anzunehmen und in ihre Liebe zu kommen, dann ist sie auch schon bereit, sich in den nächsten Seelenalterszyklus, den Zyklus der Reifen Seele, zu begeben. Dann muß auch sie lernen, daß es mehr als eine auf sich selbst bezogene Liebe gibt.

Die Reifere Seele

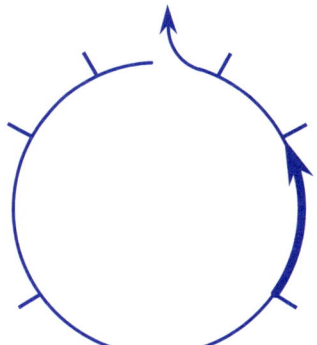

Skizze XII

Eine Reife Seele kann man erst durch viele lange Inkarnationsabläufe werden.

Erst wenn man gelernt hat, zu sorgen und zu herrschen – ohne zu beherrschen –, kann die Seele in diesen Entwicklungszyklus eintreten.

Die Reife Seele hat schwierige Leben, weil jetzt nicht mehr alles für sie unter Kontrolle ist wie im Erwachsenenseelenzyklus zuvor. Im Erwachsenenseelenzyklus lernte die Seele, Emotionen zu beherrschen. Im Reife Seelenzyklus beginnen nun die Emotionen, sie zu beherrschen. Aber noch anders als im Jugendseelenalter, in dem die Emotionen nach innen, auf sich selbst gerichtet waren, weil sie der Liebe anderer noch bedurfte, beginnt die Seele im Reifeseelenzyklus, sich vermehrt den Menschen zuzuwenden und sie zu verstehen und zu lieben. Und die Menschen, die sie nun auserwählt, um ihnen die Liebe zu schenken, die sie jetzt spürt, sind häufig die Seelen, mit denen sie schon in früheren Inkarnationen zu tun hatte.

Der Weg der Reifen Seele ist jetzt der Weg zurück zum kosmischen Seelenfamilienverband, wie man aus der Skizze XII deutlich ersehen kann. Die Reife Seele verläßt nun die große Entfernung zum Kosmos und wird sich mehr und mehr bewußt, daß sie sich, um sich wieder in ihren Familienverband eingliedern zu können, nun in ihrer höchstmöglichen Form weiterzuentwickeln hat. Und das ist nicht einfach. Dafür muß sie lernen, sich selbst mit Leib und Seele in das Leben einzubringen, was häufig großen Opfern gleichkommt, und sie muß dabei ihre Seele von Leben zu Leben, wie ein Diamantenschleifer einen Diamanten zu einem Edelstein schleift, auch zu einer edlen Seele verfeinern. In diesem Seelenalterszyklus ist das Leben so schwer, weil man generell mehr gibt, als man von seinen Mitmenschen zurückbekommt; zumindest auf der sichtbaren Ebene.

Damit diese Seele bekannte Seelen aus früheren Inkarnationen wiedertreffen kann, werden nun im innerkosmischen Raum mit vielen alten Partnern, Freunden und Bekannten Absprachen getroffen, um erneut mit ihnen eine Verbindung einzugehen oder sie für einige Zeit wiederzusehen. Das ist wichtig, damit die Reife Seele prüfen kann, welche Seelen sich für spätere Leben als Partner, und damit auch zum Seelenpartner, eignen.

In diesem Seelenalter verbindet sich die Seele mit Vehemenz mit ihren Leben aus der Vergangenheit, auch wenn ihr das auf der Erde erst in den letzten Inkarnationen in diesem Entwicklungszyklus bewußt wird. Dann weiß sie auch, daß sie wiedergeboren wird.

In eurer lauten und schnellebigen Zeit geht dieses Wissen für sie aber leider immer wieder unter, weil es ihr dadurch erschwert wird, sich selbst genau zu erforschen und in sich hineinzuhören und langsam die Bilder aus ihrer Erinnerung aufsteigen zu lassen und sich mit anderen darüber auszutauschen; aber auch hier gibt es nun immer mehr Ausnahmen.

Im Reife Seelenalter beginnt nun für die Seele die Entwicklung über das Herz. Die Liebe in allen ihren Facetten auszuloten – und nicht nur die Liebe zu einem Partner – ist jetzt ihr Thema, das sie zwar freudig annimmt, das ihr aber auch immer wieder viel Schmerz bereitet. Dafür sind nun auch die Partner, Freunde und Bekannte aus den vergangenen Leben wichtig, weil sie sich durch ihre karmische Verbindung mit dieser Seele zur Verfügung stellen, Freude und Leid, Liebe und Abneigung, aber auch Haß, tief zu empfinden.

Die Reife Seele ist nun reif für **bewußtere** Erfahrungen. In diesem Seelenzyklus will die Seele alles gründlich auskosten und lernen. Sie ist nun nicht mehr unbedingt die Veranstalterin von Dramen – obwohl das auch vorkommt –, zumeist ist sie das Opfer der Dramen der jüngeren Seelen. Und weil sie nun vermehrt zu lieben beginnt, kann sie sich diesen Dramen auch nur schwer entziehen. Und das ist es, was die Reife Seele auch immer wieder in große Gefahr bringt, ihr aber auch ein größtmögliches Wachstum ermöglicht, denn nur so kann sie lernen, zu unterscheiden, wer ihre Liebe verdient und wer nicht, und daß man seine Liebe nicht ununterbrochen verschleudern darf.

Die Reife Seele gerät auch häufig mit dem Gesetz in Konflikt. Aber nun aus anderen Gründen als in den beiden Seelenalterszyklen zuvor, wo Leichtsinn (Jugendseele) und Machtgier (Erwachsenenseele) die Auslöser dafür waren. In diesem Seelenzyklus ist die Ursache dafür zumeist in der Verantwortung und Liebe für andere zu finden, für die die Seele bereit ist, Opfer zu bringen.

Diese Seele hat auch unter üblen Nachreden zu leiden, und sie wird auch häufiger krank als die Seelen in den Seelenalterszyklen zuvor. Sie möchte die Erfahrung machen, was es heißt, einen fragilen Körper zu besitzen und schwach zu sein; tatsächlich ist sie nun fragiler und schwächer als im Erwachsenenseelenzyklus zuvor. Und sie möchte auch schon gerne wissen, was es bedeutet, den Körper zu verlassen. Dabei helfen ihr Nahtoderfahrungen, die sie häufiger erleben muß (und auch will), was durch ihre Bereitschaft für depressive Zustände noch unterstützt wird.

Diese Seele setzt sich nun auch vielen unnötigen und schweren Belastungen und Behandlungsmethoden aus, nur um hinterher festzustellen, daß, wäre sie klüger gewesen, keine oder nur sehr wenige dieser Belastungen und Behandlungsmethoden nötig gewesen wären. Aber sie beginnt dadurch auch zu erkennen, daß diese Erfahrungen für sie immer nötig waren und sind, damit sie andere, aber auch sich selbst, lieben und schützen lernt.

Diese Seele setzt sich praktisch allem aus. Sie lebt ein großes Leben und ein beschleunigtes Leben (wie Prinzessin Diana z.B., die als Ausnahme, weil sie euch etwas sagen sollte, eine „Mutter der Welt" dieses Seelenalterszyklus war*), und sie geht ständig an die Grenzen ihrer körperlichen und seelischen Fähigkeiten und Belastbarkeiten.

In diesem Seelenalterszyklus beschäftigt man sich ständig mit der Seele. Aber man hat noch nicht so ganz das Verständnis für eine esoterische Psychologie, die das Eingebundensein im Kosmos mit ihren karmischen Regeln beinhaltet. Die Reife Seele ist eher eine Anhängerin eurer klinischen Psychologie. Für sie muß das vage Gefühl, daß da mehr ist als nur ein dreidimensionales Sein, immer wieder einer Prüfung unterzogen werden, um erneut geglaubt werden zu können. Erst in den letzten Leben in diesem Zyklus versteht sie davon mehr, dann beginnt sie sich auch mit der Astrologie und anderem geistigen Wissen zu beschäftigen.

---

* Mutter Theresa war demgegenüber bereits eine Alte Weise Seele und dementsprechend in Nischen tätig. Beide waren wichtig, um die Menschheit darauf vorzubereiten, daß die „Mütter der Welt" in vielen Verkleidungen kommen können und zur Erhaltung des Lebens wichtig sind. Es war kein Zufall, daß sie durch ihre Medienpräsenz zur selben Zeit, und in der jetzigen Zeit, auf sich aufmerksam machten. Und es ist auch kein Zufall, daß Prinzessin Diana im Reife Seelenalter war. Wäre sie eine ältere Seele gewesen, wäre sie nicht so verstanden und geliebt worden. Sie hatte als Vorreiterin für die nun kommenden „Mütter der Welt" die Reife Seelenfähigkeit, den Menschen das Herz zu öffnen, und euch damit einen Spiegel eures Seins in eurer heutigen Zeit vorzuhalten.

Die Familie ist für die Reife Seele nicht mehr so wichtig. Sie hat jetzt eine große Familie, und daß sind alle Menschen um sie herum. Oft werden in diesem Zyklus Leben mit nur einem Partner gelebt, oder die Partner werden ständig gewechselt, damit sie an diesen Wechseln lernen kann, was eine große Liebe ist und was eine Seelenpartnerschaft bedeutet, denn anders als in den Seelenalterszyklen zuvor spielen jetzt alle Partner eine bedeutende Rolle für das Herz und werden zumeist auch alle sehr geliebt. Das ist wichtig, damit sie sich für den nachfolgenden Zyklus der Alten Seele d e n Seelenpartner aussuchen kann, mit dem sie sich weiterentwickeln möchte, oder, falls dieser bereits bei uns und mit uns ausgesucht wurde, sie sich nun seiner bewußter werden und für ihn entscheiden kann.

Um das aber zu können, hat sie tiefste Gefühle zu ertragen. Gefühlswechselbäder und auch die daraus entstehenden Launen sind für diese Seele an der Tagesordnung sowie auch die daraus entstehenden ständigen körperlichen Unwohlzustände und Gebrechen.

Auch Scheidungen sind für die Seele dieses Alters an der Tagesordnung. Sie hält nicht mehr an einer Partnerschaft so fest wie die Erwachsenenseele, weil sie bereits mutig genug ist, auch ihre eigenen Wege gehen zu wollen, und bereits ein Systemrebell ist, der nicht mehr aus gesellschaftlichen Anpassungszwängen bei einem Partner bleibt. Nur „karmische" oder „moralische Zwänge", wenn der Partner sehr krank ist z.B., können diese Seele dazu bringen, bei ihm zu bleiben.

In diesem Seelenalter fühlt sich die Seele oft allein und unverstanden, insbesondere dann, wenn der Partner nicht dasselbe oder ein höheres Seelenalter aufweist, wobei Letzteres für sie einfacher ist, weil sie von ihm nicht mehr in so viele Dramen verwickelt wird und von ihm lernen kann und durch seine Seelenreife beschützt wird.

Diese Seele geht auch gern Beziehungen mit Menschen aus fremden Ländern ein, was ihre Seelenreife natürlich sehr beschleunigt. Das hat damit zu tun, daß sie gerne reist. Häufig passiert es ihr, daß sie auf diesen Reisen Seelengeschwister sowie auch alte Partner aus vergangenen Leben trifft, und auch wenn das manchmal nur von kurzer Dauer ist, ahnt sie, daß ihr damit ein kosmisches Wiedersehensgeschenk gemacht worden ist. (Dieses Geschenk wird ihr ab jetzt, sowie auch den späteren Seelenalterszyklen, immer wieder zukommen, und wenn diese Seele sich im Alte und Alte Weise Seelenzyklus befindet, dann kann sie sich auch schon an mehr erinnern, es reißen oft große Erinnerungsfenster in ihr auf und sie weiß dann, auf welche Weise sie mit diesen Menschen verbunden war.)

Mit ihren Partnern kann diese Seele nun insbesondere im Sexuellen schon von Zeit zu Zeit empfinden, was es heißt, mit seinem ganzen Wesen zu lieben und gleichzeitig an die Schöpfung angeschlossen zu sein. Auch dadurch wird die Liebe nun von Inkarnation zu Inkarnation immer ernster genommen.

Ihren Kindern bietet die Reife Seele sehr viel Raum und Fürsorge. Häufig übernimmt sie die Pflege von Angehörigen und wird mit Krankheiten konfrontiert, die ihr Besonderes abverlangen; entweder dadurch, daß sie selbst erkrankt oder die Menschen erkrankt sind, die sie so sehr liebt.

In diesem Seelenalter sucht sich die Seele gerne helfende Berufe aus, um sich am Kranken in der Liebe zu üben, wenn diese Übungsmöglichkeiten in der Familie nicht existieren. Überall, wo ihr sie antrefft, ist sie mit großem Ernst dabei und auch eine große Organisatorin. Dieser Seele ist bewußt, daß Liebe auch immer Disziplin einschließen muß; auch wenn sie einige Inkarnationen in diesem Zyklus dafür benötigt, diese Disziplin anzuerkennen.

Als Künstler beginnt die Reife Seele nun, die Psyche und die sozialen Aspekte in ihre Werke einzubringen; anders als die Erwachsenenseele, die noch mehr im Naturalistischen verhaftet ist.

Die Reife Seele ist eine Seele von großem Ernst und einem starken Durchhaltevermögen, und weil sie so mutig und kraftvoll ist, solltet ihr sie in euren Reihen auch sehr schätzen, denn sie führt euch alle in Tiefen, die für jeden Einzelnen von euch, egal, in welchem Entwicklungszyklus eurer Seele ihr euch befindet, wichtig sind. Insbesondere die Alte und Alte Weise Seele, die sich häufiger schon bestimmten Erfahrungen nicht mehr aussetzen wollen, können sich durch ihr Verhalten daran erinnern, wie es einmal war, als ihre Seele auch so mutig und tapfer war und sich allem – und vor allem allen möglichen Herzensdingen – ausgesetzt hat. Durch das Nichtvergessen werden sie dann nicht herablassend gegenüber den jüngeren Seelen, die sich wegen ihres vor ihnen liegenden Seelenwachstums in das Leben ja zwangsläufig noch mehr eingeben müssen als sie, und auch die Alte und Alte Weise Seele und nicht nur die jungen Seelen, bedarf hin und wieder des Schutzes der Reifen Seele, die das Schützen und Dienen ja auf ihr Inkarnationspapier geschrieben hat.

Wir hatten schon gesagt, daß diese Seele sehr viel Kraft besitzt. Wenn sie einmal tief unten ist, dann steht sie schnell wieder auf. Diese Kraft ist aber nicht dieselbe wie die Kraft der Erwachsenenseele, die mehr eine körperlich und egozentriert verursachte Kraft hat. Die Reife Seele schöpft ihre Kraft aus ihrem Herzen, wodurch sie andere und auch sich selbst immer wieder erneuern kann. Sie muß aber trotzdem aufpassen, ihre Herzensenergie nicht zu sehr zu verschleudern und ihr Leben nicht noch mehr zu beschleunigen, als es ohnehin schon in diesem Entwicklungszyklus der Fall ist. Wenn sie das tut, dann ist sie immer in Gefahr, ihr Leben früher als geplant zu verlieren.

In den letzten Inkarnationen in diesem Seelenentwicklungszyklus kann sich die Reife Seele bereits vielfältigst mit dem Kosmos verbinden, wenn sie es will und wenn sie dafür Hilfen sucht und meditiert. Sie kann dann uns auch immer mehr fühlen, und manche von ihnen können uns auch schon ein wenig erkennen und mit Freude sehen, daß wir sie beschützen und lieben. Da sich diese Seele aber auch so gerne mit der Psychologie beschäftigt, kann sie auch durch die Deutung ihrer Träume lernen, ihre inneren seelischen Räume besser zu verstehen, und sie kann sehen, daß wir sie in diesen Träumen aufsuchen und uns zu erkennen geben und sie unterrichten wollen, damit sie weiß, daß sie auf ihrem nicht gerade leichten Weg von uns begleitet wird und niemals allein war und ist.

Die Reife Seele ist insbesondere heute als Vermittler zwischen der jungen und mittelalten Jugendseele und der Erwachsenenseele zu verstehen, da diese noch nicht von den alten Seelen lernen wollen. Und das ist wichtig, weil beide Seelenalter wegen ihres unterschiedlichen Entwicklungsziels (Jugendseele = Spaß und Freiheit, Erwachsenenseele = Macht und Härte) zu unterschiedlich sind, um sich zu verstehen und auszutauschen.

Schätzt die Reife Seele wegen ihres Mutes und ihrer Tapferkeit, alle Dinge mit dem Herzen zu sehen und verstehen zu wollen.
Das bedarf einer großen Kraft und auch einer Bereitschaft, dafür nicht nur seelische Blessuren, sondern auch körperliche hinzunehmen und zu ertragen.

Die Alte Seele

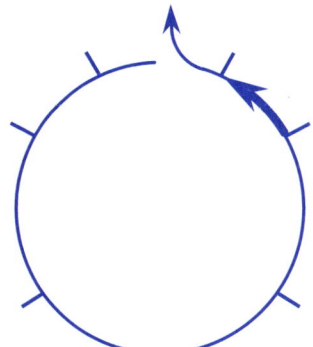

Skizze XIII

Es ist die Alte Seele, die bei euch so leidet.

Sie erkennt bereits sehr viel – auch schon in ihrer Kindheit, in der sie sich bereits an frühere Leben erinnert –, und sie versteht nicht, woran es liegt, daß sie mit euch über ihre alten Seelenerfahrungen nicht reden darf, daß ihr sie als Alte Seele nicht erkennt und anerkennt.

Sie möchte sich euch mit ihrem Wissen zur Verfügung stellen können, doch sie wird abgelehnt, weil ihr Wissen nur von einigen wenigen, den anderen Alten und den Alten Weisen Seelen, verstanden wird.

Die Alte Seele werdet ihr zwar noch unter euch agierend erkennen, aber ihr werdet sie privat immer nur in Nischen vorfinden, und häufig schafft sie es auch beruflich, eine Nische für sich zu erschaffen, aus der heraus sie mit ihrer alten Seelenweisheit agieren kann.

Es macht diese Seele krank, so wenig gewollt zu werden, wo sie doch mit ihrem alten Seelenwissen überall so dringend gebraucht würde.

Diese Seele beschäftigt sich mit allem, was für das „HEIL" der Menschheit wichtig ist.

Man findet sie in psychologischen, heilerischen Berufen, in der Politik als weisen, eingreifenden Redner, im Umweltschutz, bei caritativen

Verbänden, überall dort, wo sie gebraucht wird. Fast an allen wichtigen Schaltstellen findet ihr eine Alte Seele.

Sie ist oft nur für kurze Zeit in den vordersten Reihen zu finden. Haben diese Seelen ihre Arbeit für die Menschheit – ob im großen oder im kleinen Sinne – geleistet, dann verschwinden sie zumeist wieder von der Bühne (siehe Gorbatschow und Schewardnaze).

Diese Seele lebt häufig allein oder nur noch mit ihrem Seelenpartner oder sie macht letztendliche Abschiede von ihren alten Lieben aus ihren zahlreichen vorhergegangenen Inkarnationen. „Abschiede für immer" sind für diesen Seelenzyklus deshalb auch in manchen Leben das Hauptthema, und zwar nicht nur von alten Lieben, sondern auch von ehemaligen Geschwistern, Eltern etc.. Das treibt diese Seele immer wieder in schwere Krisen, doch sie erreicht dadurch die Erkenntnis, daß diese Abschiede sein müssen und ein Teil ihrer Seelenentwicklung sind; daß es sein muß, daß sie nun vermehrt in die Vereinzelung zu gehen hat, damit sie eines Tages wieder in ihren Seelenfamilienverband zurückkehren kann, der nun (siehe Grafik XIII) nicht mehr so weit von ihr entfernt ist.

Auf dieser Stufe der Seelenentwicklung wird nun das Eingebundensein im Kosmos von Inkarnation zu Inkarnation vermehrt empfunden und ist in den letzten Inkarnationen in diesem Zyklus schon fast allgegenwärtig.

Auch diese Seele kennt noch Dramen und Opfer.

Aber nun darf sie erkennen, warum und inwieweit diese auch mit ihrer Inkarnationsvergangenheit zusammenhängen, und auch soziologische, schwer änderbare Umstände kann sie nun leichter durchschauen. Daraus darf sie dann eine Bewußtheit entwickeln, diese Dramen- und Opfersituationen besser zu überstehen als in den Seelenreifezyklen davor. Dabei helfen ihr auch die Bilder, die ihr aus ihren vergangenen Leben aufsteigen, weil sie sich nun dafür immer mehr öffnet. Und weil sie insgesamt immer offener für uns wird, kann sie, wenn sie in Lebensgefahr gerät, uns, aber auch ihre geistigen Helfer, dann immer mehr in physischer oder anderer energetischer Form wahrnehmen. Damit kommt ihr ein großer Trost zu.

Und das ist wichtig. Denn auf der Erde ist sie nun sehr allein. Nicht nur dadurch, daß sie als Alte Seele immer mehr in ihre Vereinzelung zu gehen hat, so wie bei euch die Sechzig- bis Achtzigjährigen immer mehr in die Vereinzelung gehen, sondern auch dadurch, daß die jüngeren Seelen sie oft in eine Nische drängen, weil sie noch nicht daran erinnert werden möchten, daß auch sie sich eines Tages zu einer Alten Seele entwickeln müssen und daß auch sie die Vereinzelung dann nicht mehr umgehen können, die sie noch so sehr fürchten.

Wie gesagt: Diese Seele ist unter euch Menschen sehr allein. Aber sie weiß nun auch, daß sie nicht wirklich allein ist. Jedoch muß sie sich erst darin üben, mit uns von sich aus in Kontakt zu kommen. Aber auch ihre Seelengeschwister und ihre geistigen Helfer geben sich ihr nun immer mehr zu erkennen, und dieses Erkennen ist für sie mit so einer große Freude und einer so tiefen Liebe verbunden, daß sie für alles entschädigt wird, was sie einmal durchzumachen hatte und noch immer durchmachen muß; vor allem darum, weil ihr sie nicht anerkennt und so allein in den Nischen stehen laßt.

Diese Seele wird nun immer feiner und durchlässiger und somit ist sie auch von einer zarten körperlichen Struktur. Sie ist auch häufig abwesend und nicht mehr von eurer Welt. Auch wenn es ihr nicht immer bewußt ist, aber diese Abwesenheit benötigt sie, um mit uns in Kontakt zu sein.

Diese Seele wird nun mit schamanischen Reisen oder mit anderen Meditationsformen beginnen wollen, und zwar auch dann, wenn das für sie noch mit Ängsten verbunden ist.

Da sie sich aber an frühere Leben erinnern kann, kann sie sich zumeist auch wieder der damals noch üblicheren schamanischen Praktiken

erinnern, die ihr nun dabei helfen, die Verdichtung des Schleiers auf-
zureißen, der die für euch sichtbaren und unsichtbaren Dimensionen
voneinander trennt. Und die Erinnerungen daran schaffen es auch –
auch, wenn ihr diese nicht immer direkt bewußt sind –, daß sie Mut
findet, sich in ihre noch tieferen Bewußtseinsräume einzulassen. Aber
natürlich kommen auch wir ihr zu Hilfe, indem wir ihr in Träumen und
Visionen Ratschläge erteilen.

Die Alte Seele klopft auch immer mal wieder an unsere „Himmels-
tür", um schon frühzeitiger zu uns zurückkehren zu dürfen, denn sie
fühlt sich bei uns bereits wohler als bei euch. Wir müssen sie dann aber
zumeist zurückschicken, wenn ihr Lebensplan noch ein längeres Leben
vorsieht. Wir machen das aber immer mit der größtmöglichen Liebe
und dem größten Mitgefühl – und mit Humor!

Wenn die Alte Seele bei uns anklopft, dann kann das auf vielfältige
Weise passieren. Sie macht das in ihren Träumen, aber noch nicht
bewußt. Ist sie aber bereits am Ende dieses Seelenzyklus angelangt,
dann steht sie vor unserer Tür schon mit Bewußtheit. Diese Seele
benutzt auch oft eine Krankheit, um früher zu uns zu gelangen, und
wird sich dann auch nicht viel Mühe geben wollen, um gesund zu werden; anders als die vorhergegangene Reife Seele, die Suizide als
Möglichkeit benutzt, schon früher zu uns nach Hause zu kommen.
Auch Schwächeanfälle begleiten jetzt ihr Leben, die auch als Entgrenzungsversuche anzusehen sind, sich von der Erde zu lösen. Aber
gerade diese Entgrenzungsversuche sollen ihr aufzeigen, daß sie immer
durch die Veränderung ihres Bewußtseins zu uns gelangen kann, und
daß sie dafür keiner Krankheiten mehr bedarf, wenn sie sich in
Meditationstechniken übt, die ihr solche Bewußtseinszustände auf ein-
facherem Weg anbieten und sie dabei auch noch stärken und nicht
mehr schwächen.
Die Alte Seele schläft auch viel, um mit uns in Kontakt zu sein.

Da diese Seele jetzt immer durchlässiger und sensibler wird, wirft sie auch jeder nicht so gute Gedanke in ihrem Umfeld, jede Umweltverschmutzung, jede zu harte medizinische Behandlung und jedes zu laute und harte Wort um. Da sie daraus lernt, wendet sie sich dann auch mehr den sensibleren Menschen zu, die auch so denken wie sie. Sie versucht in der Natur zu leben und Schönes um sich herum zu arrangieren, um sich gut zu fühlen. Sie sucht nach feinstofflichen Behandlungsmethoden, die bei ihr auch wirksamer sind als bei den Erwachsenenseelen zB., die noch fast alles in sich hineinschlucken können und das auch zu vertragen scheinen.

Für die Kinder Alter Seelen ist ein mehrdimensionales Aufwachsen – wenn sie sich nicht vollends einer ignoranten Gesellschaft ausgesetzt fühlen – zumeist garantiert. Für eine mehrdimensionale Bildung – in der das grenzüberschreitende Wissen der Alten Seele zum Tragen kommt – wird möglichst gesorgt. Damit sie das kann, findet ihr diese Seelen auch häufig in philosophischen/psychologischen und anderen geisteswissenschaftlichen Berufen und Kreisen und Zirkeln.

Die Freiheit der Kinder wird für diese Seele großgeschrieben. Die Alte Seele versteht, daß ein Kind auch allein sein muß und zu seinem Seelenwachstum eine kontemplative Stimmung benötigt – anders als die drei Seelenzyklen zuvor, die meinen, ihren Kindern immer etwas bieten zu müssen und deswegen ihre Kinder auch einer großen Beschleunigung aussetzen und ihren Fokus auf die dreidimensionale Welt richten, so daß ihnen für das Verborgene hinter dem Schleier kaum Zeit bleibt, es zu entschlüsseln.

Im Alte Seelenzyklus gibt es auch keinen Kinderreichtum mehr. Zumeist wird nur noch eine wichtige Seele angezogen.

Die Alte Seele gibt sehr viel und bekommt dafür nicht viel zurück; dieses Problem stellte sich ihr auch schon im Reife Seelenalterszyklus. Doch ihr macht das jetzt schon weniger aus. Sie weiß, daß sie dienen muß, und wenn sie ausgenutzt wird, dann weiß sie auch, daß das nicht zu ändern ist, weil ja nicht alle Seelen dieselbe Reife haben können (das weiß sie auch ohne die Kenntnis über die sieben Seelenalterszyklen!).

Für sie ist es eher ein Problem, mit ihrem Alten Wissen und ihren Fähigkeiten gar nicht gebraucht zu werden. Sie weiß, wenn für sie selbst keiner da ist, daß ihr aber immer ihr Seelenfamilienverband mit ihren Ahnen zur Verfügung steht, der sie stützt und führt und vor Schrecklichem bewahrt, wenn es ganz schlimm kommt. Und sie weiß auch, daß sie von eurer Erde zu gehen hat, wenn ihre Zeit dafür gekommen ist, denn sie hat durch ihre vielen durchlebten Tode auf der Erde bereits die Fähigkeit erworben, loszulassen und heimzugehen. Das Sterben ist für die Alte Seele natürlich sehr viel einfacher als für eine Erwachsenenseele z.B., die noch mehr dem irdischen Leben verhaftet ist, weil sie einerseits an ihren materiellen Gütern hängt und zum anderen nicht daran glaubt, daß es immer wieder ein neues Leben auf der Erde gibt und daß ihr SEIN nie aufhört und damit auch ihre Entwicklung nie stille steht, daß sie nur ihre Körper wechselt, aber als Seeleneinheit schon immer war und auch immer bleibt.

Wenn der Alten Seele geliebte Menschen sterben, dann kann sie auch eine Totenbegleitung und -erlösung in den astralen Räumen vornehmen, indem sie sich mit ihrer ganzen Liebe dafür zur Verfügung stellt. Das geschieht dann abends im Bett in ihren Träumen, aber auch in Visionen bei Tage. Manchmal ist sie sich dieser Umstände auf ihrer irdischen Bewußtseinsebene noch nicht bewußt und sie erinnert sich nur irgendwelcher mysteriöser Träume oder Gedanken. In ihren späteren Inkarnationen in diesem Zyklus, und wenn sie das bereits ein paarmal vollzogen hat, kann sie sich aber auch schon immer bewußter dafür bereithalten.

Häufig hat die Alte Seele auch kein Elternhaus und keine Familie mehr, und wenn doch, so nicht für lange. Und sie hat auch keine materiellen Sicherheiten mehr für ein langes und ruhiges Leben zur Verfügung. Das ist wichtig für sie, damit sie lernt, das Irdische loszulassen.

Doch wie Magie, wenn sie denkt, daß es nicht weitergeht, sorgen wir dafür, daß ihr wieder Mittel zur Verfügung gestellt werden – und natürlich kann auch sie in solchen schwierigen Situationen immer für sich neue Lösungen erarbeiten, weil sie bereits eine Alte Seele mit vielen alten Lebenserfahrungen aus den unterschiedlichsten Kulturen ist.

Diese Spannungsaspekte von einmal reich und einmal arm – und das auch oft mehrere Male in einem Leben – bewirken aber, daß sie erkennt, daß ihr unsere Hilfe zu jeder Zeit zufließt, wenn sie sie dringend benötigt – und noch besser, wenn sie uns darum bittet!

Geschichte und Archäologie interessieren diese Seelen sehr, sowie auch Sagen und Mythen. Sie haben ja bereits viele Leben in den unterschiedlichsten Kulturen hinter sich und können nun durch die Beschäftigung mit diesen alten Kulturen auf ihre Art wieder in das alte Bewußtsein, das sie zu dieser Zeit hatten, einsteigen, was ihnen eine große Zufriedenheit gibt. Deshalb sind bei euch Bücher und Filme, die sich mit der König Artus Sage beschäftigen, so erfolgreich. Selbst für die noch jüngeren Seelen wie die Reife Seele und Erwachsenenseele reißen dann manchmal Erinnerungsfenster auf.

Dogmatische Religionen und allgemeine Dogmatisierungsprogramme sind für diese Seele nicht mehr akzeptierbar. So etwas hat sie gesellschaftlich schon oft in Form von Religionskriegen durchmachen müssen, und die will sie nicht mehr. Sie weiß bereits, daß sie unfrei machen und dem spirituellen Hunger ihrer Seele und der Seele anderer keine Nahrung geben. Diese Seelen sind immer auf der Suche nach den Ur-Religionen mit ihrem mehrdimensionalen kosmischen Wissen. (Dogmatische Religionen sind natürlich etwas für die Erwachsenenseele, die darin ihre eigenen Machtansprüche widergespiegelt haben will, weshalb sich auch ein männlicher Gott durch fast eure ganzen Religionen zieht, weil es die Erwachsenenseele seit den letzten Jahrtausenden bereits in großer Anzahl gibt.)

Ist diese Seele im Künstlerischen tätig, so bringt sie ihre Visionen immer mit ins Spiel (Dali war so eine Alte Seele, der von eurem letzten Weltkrieg schon vorher wußte und das auch malerisch umgesetzt hat, und er war auf seine Weise eine alte und sehr rebellische Seele, die aus ihrem inneren Wissen heraus sich darüber im klaren war, daß sie anders ist.) Schreibt diese Seele, dann werden ihre Visionen zu Papier gebracht, hat sie einen helfenden Beruf, nimmt sie immer eine Hohepriester/-innen Stellung ein. Diese Seele stellt sich für euch überall da zur Verfügung, wo sie gebraucht wird, und sie fragt nicht, ob am Ende für sie dabei viel herauskommt oder sie dadurch eine Berühmtheit erlangen kann; obwohl einige dieser Seelen eine große Berühmtheit erlangen. Ihr ist es wichtig, ihr altes Seelenwissen zu leben und mitzuteilen. Sie kann gar nicht anders, und das macht es ihr in eurer ignoranten Welt so schwer.

Inspirationen werden dieser Seele wegen ihrer großen Durchlässigkeit leicht zuteil und so auch die Erinnerungen an alte Leben, was aber nicht heißt, daß sie euch davon immer erzählt. Vielleicht sagt sie nur etwas darüber, wenn sie ihr Umfeld gut kennt, dann sucht sie sich die Menschen aus, mit denen sie darüber redet, weil ihr ihre Erinnerungen heilig sind. Oder sie spricht mit anderen darüber, weil sie von ihrer Lehrerfunktion weiß. Dann ist es ihr auch gleichgültig, was die Menschen denken und auch wenn jemand dann nicht ihrer Meinung ist, so weiß sie doch immer, daß ihre Worte nachhallen.

In der Sexualität wird von ihr möglichst nur noch eine Verbindung zugelassen, die ihr auch eine Verbindung zum Ganzen – zum Urschöpferischen – ermöglicht. Fast nichts kann mehr von ihr ausgeführt werden, ohne daß sie mit dem Allganzen in Verbindung ist. In eurer heutigen Zeit hat sie es natürlich schwer, ihre Grundsätze zu leben, denn nur selten findet sie Menschen und ausgewählte Partner, die ihre Seelenreife teilen. Entweder bleibt sie dann allein oder sie „opfert" sich für das schnellere Heranwachsen einer noch jüngeren Seele.

Diese Seele wird sich nun dessen bewußt, daß ihre Aufenthalte auf der Erde immer weniger werden. Das bedingt, daß sie mit immer stärker werdender Bewußtheit auf der Erde „spazieren geht" und für ihre Leben immer dankbarer wird; auch deshalb wird diese Seele keine Selbstmorde mehr begehen wollen und auch eher lange Krankheiten hinnehmen, die ihr furchtbare Mühen und Schmerzen machen, als den Freitod zu wählen. Diese Seele liebt die Natur über alles, die ihr insbesondere in schweren Zeiten immer ein Trost ist. Schönheit, Natur und immer wieder in Ruhe treten, ist für diese Seele wichtig, die sich in eurer heutigen Zeit noch an Zeiten erinnern kann, als die Erde noch ihre ganze Schönheit besaß, und deshalb schicken wir sie so gerne an die Orte und in die Länder, in denen sie einmal gelebt hat, damit sie sich dort erinnern und auftanken kann, was ihr eine große und stille Freude bereitet. Während die Reife Seele durch das Reisen unbewußter an alte Erinnerungen anknüpfen kann, kann diese Seele nun alles auf bewußterer Ebene wahrnehmen und auch uns Meister und ihre Geistführer und Seelengeschwister auf diesen Reisen bitten, ihr mitzuteilen, was ihr die Reise sagen soll und warum sie für sie so wichtig ist.

Diese Reisen sind für die Alte Seele auch darum wichtig, damit sie nun, in der jetzt begonnenen NEUEN ZEIT, mit ihrem inneren Wissen die jüngeren Seelen dazu führen kann, mit der Erde besser umzugehen und sie als einen lebendigen Organismus zu begreifen, den man schonen und lieben muß.

Interessant ist für euch auch zu wissen, daß ihr einer Alten Seele und erst recht einer Alten Weisen Seele auch ihre vielen ehemaligen Leben im Gesicht, an ihrer Körperhaltung und dem Körperbau ansehen könnt. Ihre Gesichter sind bereits wie Weltatlanten, auf denen die Länder ihrer Vorleben gekennzeichnet sind. Aber auch ihre Lebenseinstellung verrät oft noch alte Leben; wenn sie z.B. mehrere Leben im

Adel verbracht hat, wird sie auch immer ein adeliges Verhalten aufweisen, wenn sie oft ein Naturheiler war, dann wird sie auch immer mit Pflanzen umgehen wollen, wenn sie häufig ein Künstler war, wird sie auch immer etwas erschaffen wollen. Man erkennt eine Alte Seele auch daran, daß sie fast jeden Beruf ausüben könnte. Auch das liegt an der Erinnerung an alle ihre Berufe, die sie ausgeübt oder auch bei anderen mitangesehen hat.

Die Alte Seele nimmt Abschied.
Von den Menschen, von den Tieren, von den Pflanzen .....
Aber sie weiß, daß ihre Reise noch nicht ganz vorüber ist, daß sie erst noch eine Alte Weise Seele werden muß und daß sie dafür noch einige Inkarnationen zur weiteren Vorbereitung benötigt.

Aber auch das hat sich für die NEUE ZEIT verändert.
Die Alte Seele, die sich eigentlich schon mehr ausruhen möchte, muß sich nun wieder in die Dramen der jüngeren Seelen verwickeln lassen, um ihnen bei ihrer Bewußtseinsausbildung behilflich zu sein, und das, obwohl sie sich eigentlich bereits im Rentenalter befindet. Das Schlimme ist für sie außerdem, daß dadurch, daß so viele jüngere Seelen heute an ihrem Seelenwissen zweifeln, auch ihre eigenen Wachstumsabsichten behindert werden. Das spürt sie zu jeder Zeit, wenn ihr das passiert, denn so, wie wir Meisterführer niedriges Bewußtsein von euch aufnehmen können und müssen, weil wir eine starke Durchlässigkeit für alle Schwingungen besitzen und darunter auch oft leiden, so kann und muß auch die Alte Seele – und natürlich erst recht die Alte Weise Seele – niedriges Bewußtsein von euch aufnehmen. Damit stellt sie sich zur Verfügung, diese Gedanken für euch zu reinigen. Denkt daran, was das bedeutet in der jetzigen Zeit, wo ihr mit schlechten Gedanken nicht gerade zimperlich seid.
Das ist ein großes Opfer, das sie für euch bringt!
Nehmt es an und lernt daraus!

Die Alte Weise Seele

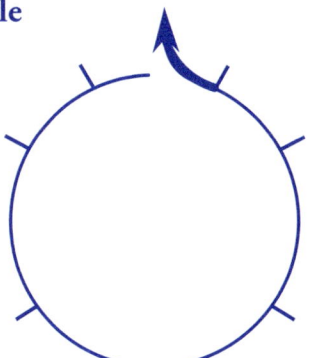

Skizze XIV

Das spirituelle Bewußtsein findet jetzt in der Seele zu seinem Höhepunkt.

Hat die Seele ihren höchstmöglichen Entwicklungsstand erreicht, wird es Zeit für sie – nun für immer – zu ihrem Seelenfamilienverband zurückzukehren.

Sie hat sich durch alle ihre Inkarnationsabläufe entwickelt, sie hat sich um ihre „Kinder und Enkel" gekümmert und gesorgt, sie hat so viel getan und so viel von der Welt in den veschiedensten Kulturen und Zeiten gesehen, jetzt möchte sie sich darauf vorbereiten können, *für immer* heimzukehren.

Was im Seelenalterszyklus der Alten Seele begann, die Seelenfamilienmitglieder von der anderen Seite des Schleiers von Zeit zu Zeit zu sehen und mit ihnen in Kontakt zu treten, wird jetzt immer mehr zum Alltäglichen für sie. Deshalb ist die Alte Weise Seele nun noch häufiger abwesend als die Alte Seele zuvor; so, wie auch die über Achtzig- und Neunzigjährigen bei euch sehr häufig abwesend sind, weil sie sich auf ihren irdischen Tod, und damit auf das Beschreiten der astralen

Räume und auf ein Wiedersehen mit uns, vorbereiten. Dieses Mal muß sich die Alte Weise Seele aber auf ihren ultimativen Tod vorbereiten, und das ist auch nicht leicht, denn sie hat die Erde durch all die lange Zeit auch sehr liebengelernt.

Wie die Babyseele, die zu Beginn ihrer Inkarnationsreise noch nicht genau weiß, ob sie auf der Erde gelandet ist oder sich noch in den innerkosmischen Räumen befindet und darum auch noch sehr feinstofflich wirkt, so ist die Alte Weise Seele nun auch wieder sehr feinstofflich und sich nicht mehr so ganz sicher, zu welchem kosmischen Raum sie eigentlich gehört. Ist sie noch im irdischen Leben oder befindet sie sich doch bereits mehr hinter dem Schleier?

Aber die Wege, die sie noch gehen muß – nur noch ein paar Inkarnationen –, verdeutlichen, daß sie noch eine Weile in diesen Zwischenräumen leben muß, bevor sie dann eines Tages mit Leichtigkeit den einen Fuß, der noch bei euch ist, für immer zu uns herüberziehen kann.

Körperlich ist diese Seele nun auch so fragil wie ihr Seelenbewußtsein.

Sie möchte nicht mehr hart arbeiten müssen. Sie möchte ihre durch ihre Inkarnationen hindurch erworbene Weisheit denen vermitteln, die sie benötigen. Das möchte sie nun auch nicht mehr in großen Gruppen und mit Aufsehen, wie die Alte Seele das noch manchmal macht. Sie berät am liebsten nur noch ausgesuchte Einzelpersonen, die auch schon auf ihrem Entwicklungsweg eine weite Wegstrecke zurückgelegt haben.

Aber auch das hat sich bereits bei euch geändert, denn die Seelen, die als „Mütter der Welt" und „Väter der Welt" noch aufwachen müssen und bereits ahnen, daß sie es sind, haben oft für dieses Leben schwere Bürden und Dramen (fast wie die Reife Seele) auf sich genommen, um noch besser zu verstehen, was sie alles zu ändern haben.

Auflösungszustände gehören für diese Seele zum normalen Alltag. Damit übt sie sich im Entdichten, das sie für später braucht, um ganz zu uns zu kommen. So wie wir unsere Energien verdichten müssen, um für euch fühl- und /oder sichtbar zu werden, so muß nun die Alte Weise Seele lernen, in die Entdichtung zu gehen, um in unsere Räume zu treten und darin spazieren zu gehen. So kann sie sich auf ihren ultimativen Tod noch besser vorbereiten. Dann macht er ihr keine große Angst mehr.

Wenn ihr diesen Seelen zuhören würdet, dann könnten sie euch die Geschichte ihrer Seelenentwicklung erzählen, denn diesen Seelen stehen jetzt viele Erinnerungen daran offen, und sie können nun auch den Leitfaden ihrer Seelenentwicklung erkennen. Viele eurer Alten und Alten Weisen Seelen erinnern sich noch an Lemuria und Atlantis. Sie erinnern sich der Inkarnationen, die wichtig waren, aller Liebe, die sie einmal hatten, aber auch vieler Sorgen und Nöte, und sie erinnern sich der größten Emotionen, der sie fähig waren; und wie gesagt, sie erinnern sich an eine Erde, die noch wunderschön und von einem großen Artenreichtum geprägt war, und sie erinnern sich auch daran, in den genannten alten Kulturen noch ganz leicht mit uns Meistern in Kontakt gewesen zu sein und manche Aufgestiegenen Meister, von denen heute wieder die Rede ist, auch damals schon gekannt zu haben.

Wenn die Alte Weise Seele euch ansieht, dann sieht sie auf den Grund eures Herzens. Ohne Worte, ohne den Verstand einschalten zu müsssen, nur mit ihrer Seele kann sie ihr Gegenüber erkennen, denn nun hat sie die Gabe, mit einem Herzen zu sehen, das ein mehrdimensionales Bewußtsein trägt und dadurch alles erkennt. Sie hat nun eine universelle Liebe erworben, die nicht mehr das Sichtbare und Einzelne allein liebt, sondern immer das Allganze.

Wir sagten ja bereits, daß sich auch diese Seele heute noch nicht zur Ruhe begeben darf, wie sie es gerne möchte, und daß sie gerade in eurer heutigen Zeit noch einmal ein hartes Leben auf sich genommen hat, um daraus zu lernen, was alles bei euch nicht in Ordnung ist, und daß das insbesondere diejenigen betrifft, die eine „Mutter"- oder ein „Vater der Welt" sein sollen. Hätte die Seele ein geruhsames Leben gehabt, würde sie das nicht so sehr sehen können. Nur dadurch, daß sie ihren Fokus noch einmal auf euer Sein lenken mußte und damit ihre Vorbereitung für ihren letztendlichen Erdabschied verschieben mußte, kann sie als Schlichter für eure selbstveranlaßten Dramen wirken.

Laßt diese Seelen erzählen. Hört ihnen zu, sorgt für sie und laßt ihre große Liebe und ihre erworbenen spirituellen Erkennntisse und Fähigkeiten durch euer Herz fließen, damit ihr schneller wachsen, reif und alt werden könnt, damit endlich der Frieden herrschen kann, der in der Evolution der Menschheit einmal seine Begründung fand.

Wenn diese Seele nun nicht mehr inkarnieren muß und in ihren Seelenfamilienverband zurückkehrt, dann wird sie von ihren Seelengeschwistern mit großer Freude und Fürsorge entgegengenommen. Viele ihrer Seelengeschwister haben ihre irdische Seelenreise bereits für immer hinter sich gebracht, und sie wissen davon, wie müde und erschöpft diese Seele nun ist, die sich auch für sie einmal bereit erklärt hatte, auf der Erde Bewußtsein zu sammeln, das für die weitere Entwicklung des Seelenfamiliengesamtverbandes, aber auch für die gesamte kosmische Evolution, so bedeutend ist.

Doch schon bevor diese Seele für immer zu ihrem Seelenfamilienverband zurückkehrt, kann sie erkennen, daß ihre Evolution nicht stille steht, daß ihre Seelengeschwister, die nun schon für immer in ihren Seelenfamilienverband zurückgekehrt sind, bereits in Kontakt mit den Seelengeschwistern der nächsthöheren Bewußtseinsstufe stehen, um von ihnen in die Entwicklung zu weiterem und höherem Bewußtsein eingeweiht zu werden.

Es ist hier eine große Freude, wenn die letzte Seele eines Seelenfamilienverbandes zurückkehrt.

Dann wird eine Art Feier abgehalten.

Prozentualer Anteil der Seelen

Der prozentuale Anteil der Seelen in einem Seelenalterszyklus variiert natürlich ständig. Deshalb können wir keine fixen Zahlen nennen. Jedoch sieht es heute bei euch folgendermaßen aus:

Die Babyseele ist mit ungefähr 3 bis 4 Prozent vertreten, die Kindseele mit ungefähr 8 bis 9 Prozent, die Jugendseele mit etwa 20 Prozent, die Erwachsenenseele nimmt bei euch zur Zeit den höchsten Prozentsatz mit ungefähr 35 Prozent ein, die Reife Seele liegt, wie die Jugendseele, bei etwa 20 Prozent, die Alte Seele bei 8 bis 9 Prozent und die Alte Weise Seele hat zur Zeit denselben Anteil wie die Babyseele, mit etwa 3 bis 4 Prozent. Diese prozentualen Gewichtungen werden sich aber bald ganz enorm verschieben, denn die Babyseele wird es in wenigen Jahrhunderten nicht mehr geben, und in vielen Jahrtausenden wird es nur noch Alte und Alte Weise Seelen geben, was natürlich eure sozialen Strukturen und das Verständnis untereinander stark beeinflussen wird, denn wenn die jüngeren Seelen, und insbesondere die heutigen Erwachsenenseelen, den Reife Seelenzyklus erreichen, dann kann sich auch eure Welt entscheidend in ihrer Strukturgebung verändern. Dann kann erreicht werden, was uns so wichtig ist, nämlich daß auch der spirituelle Gedanke wieder unter die noch restlichen jungen Seelen gebracht wird. Sie werden dann, wenn sie das Erwachsenenseelenalter erreicht haben, nicht mehr in demselben Maße an Macht und Besitz interessiert sein wie die heutige Erwachsenenseele. Und auch die Erwachsenenseele wird nun dahin geführt, als Reife Seele ihre Herzentwicklung noch schneller voranzutreiben als die Reifen Seelen heute, und das ist wichtig, damit der Mutter Erde geholfen wird, sich zu erholen.

Alle Seelen werden in den nächsten Jahrhunderten die Alten und Alten Weisen Seelen wieder mehr schätzen und vor allem das weibliche Prinzip wieder erneuern helfen und damit feststellen, was in den Jahrhunderten vor dem Ende eures jetzigen Jahrtausends gefehlt hat und wo alles in die Verzerrung geraten ist und was wirklich einer Heilung zugeführt werden muß. Damit ihr euer Lernziel versteht und befolgt, dazu sind wir ja da, wir, die wir uns nun auch noch mehr an euch anpassen und mit euch in Verbindung treten wollen.

Anzahl der Inkarnationen

Alle Menschen müssen so lange auf die Erde kommen, bis sie auch die allerletzten Erfahrungen gemacht haben, die sie sich als Wachstumswunsch zu Anfang ihrer Reise durch die Seelenalterszyklen vorgenommen hatten, um für sich selbst und auch für ihren Seelenfamilienverband reich an Erfahrungen werden zu können.

Wie aus den vorhergegangenen Grafiken zu den einzelnen Seelenaltern zu sehen war, sind die Zyklen der Seelenentwicklung – analog zu den irdischen Reifestadien – verschieden lang und beinhalten damit natürlich auch eine verschiedene Anzahl von Inkarnationen. Je nach der Thematik und der Lernfähigkeit eurer Seelen, kann es natürlich vorkommen, daß manche Seelen schon eher zu uns in die innerkosmischen Räume zurückkehren können als andere und andere wiederum eine längere Wegstrecke benötigen, deshalb wollen wir uns auf keine genaue Anzahl von Inkarnationen festlegen lassen. Jedoch gibt es einen mittleren Durchschnitt, der bei ungefähr 300 Inkarnationen liegt, es können also nur 200 Inkarnationen sein, die jemand zu seiner Entwicklung benötigt, aber auch etwa 400 Inkarnationen. Heute, in der NEUEN ZEIT, sind – wie bereits gesagt – eure jungen Seelen dazu angehalten, ihre Seelenreise schneller zu beenden, weil nicht mehr so viel Zeit- und Naturraum für ihre Entwicklung da ist wie früher. Dadurch müssen sie sich während ihrer Inkarnationen schneller entwickeln, aber auch die Ruhezeiten in unseren innerkosmischen Räumen sind nun für sie sehr viel kürzer geworden. Insofern wird euren heutigen Seelen nicht nur ein schnellerer und kürzerer Durchlauf – und der Alten Weise Seele zu ihrer Hilfe ein längerer Durchlauf – abgefordert, sondern auch in den innerkosmischen Räumen seid ihr nun einem größeren Entwicklungsstress ausgesetzt. Ihr könnt euch bei uns nur noch kurz ausruhen und habt auch nur noch eine kurze Zeit, um unsere Anweisungen für ein neues Leben zu verinnerlichen. Die alten Seelen hatten in ihren vergangenen Leben zweihundert bis vierhundert Jahre und manchmal sogar ein paar Jahrtausende Zeit, bis sie sich wieder für eine Inkarnation entscheiden mußten.

Aber noch etwas hat sich geändert: In Lemuria waren die jetzt bereits zu uns zurückgekehrten Seelen und auch noch manche, die noch bei euch auf der Erde weilen, gar nicht in stofflicher Form als Babyseele existent. Sie konnten sich der Erde noch langsam, in halbstofflicher Form annähern. Das war für die Seelen eine große Erleichterung. Die Babyseelen von heute müssen sich schon schnell mit der Stofflichkeit auseinandersetzen und haben dadurch noch mehr Leistung zu bewältigen. Wir bitten euch deshalb sehr, nehmt sie unter euren Schutz und versteht ihre Ansprüche. Liebt sie für ihren Mut, in der heutigen Zeit, sozusagen als Nachzügler, auf die Erde gegangen zu sein, und liebt sie dafür, daß sie ihre Ausschüttung hintangestellt haben, um die letzten Seelen unter diesen schwierigen Bedingungen sein zu dürfen!

Skizze XV

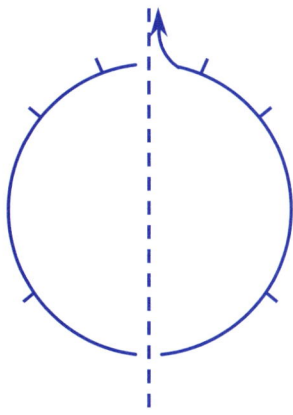

Aus der Skizze XV könnt ihr entnehmen, daß die linke Seite des „karmischen Rades", die die Seelenentwicklung vom Kosmos weg bis hin zur Mitte der Erwachsenenseele, und die rechte Seite des Rades, die die Seelenentwicklung zurück zum Seelenfamilienverband aufzeigt, in der Durchlauflänge identisch bzw. deckungsgleich sind. Auch hier lassen sich Analogien finden. Beide, die Babyseele und die Alte Weise Seele, weisen Ähnlichkeiten auf. Sie sind sensible, ätherische Seelen, die sich in ihrer Arglosigkeit schon fast wieder ähneln; die eine, weil sie gerade aus unserem kosmischen Raum gekommen ist, und die andere, weil sie zu uns zurückkehrt.

Auch die Kindseele und die Alte Seele ähneln sich in ihrem Entwicklungsziel. Beide befinden sich in einem Vorbereitungsstadium; die eine zum Sich-Eingeben in das Leben und die andere zur Vorbereitung auf das Ende ihrer irdischen Reise. Auch die Jugendseele und die Reife Seele haben ein ähnliches Entwicklungsziel. Die eine ist mutig genug, das Leben zu erlernen und dabei rebellisch, und die andere ist mutig genug, das Herz in allen Dingen auszuloten, und dadurch ein Rebell. Und auch die Erwachsenenseele hat am Anfang ihrer Reise und am Ende ihrer Reise Ähnlichkeiten. Am Anfang der Reise ist ihr die Macht wichtig, zum Ende der Reise ist es wichtig, diese wieder aufzugeben.

Die sieben Entwicklungszyklen innerhalb eines Seelenzyklus' (Die Unterzyklen)

Auch innerhalb der verschiedenen Seelenalterszyklen gibt es Unterzyklen. Da wir so gerne Analogien vornehmen, könnt ihr euch die Durchläufe durch die einzelnen Seelenalterszyklen auch wieder als eine Entwicklung von der Babyseele bis hin zur Alten Weisen Seele vorstellen. Das heißt, tretet ihr in einen neuen Entwicklungszyklus ein, dann verhaltet ihr euch auch in ihm wieder wie eine Babyseele, dann wie eine Kindseele, Jugendseele, Erwachsenenseele, Reife Seele, Alte Seele und Alte Weise Seele.

Damit spielen die nachfolgend genannten Entwicklungsthemen innerhalb jedes neuen Seelenentwicklungszyklus' auch als Unterzyklen immer wieder eine Rolle:

Unterzyklus:

– wie die Babyseele	ich komme erst vorsichtig in diesen Zyklus hinein und schau' mir alles an
– wie die Kindseele	ich spiele schon mal mit meinen Möglichkeiten
– wie die Jugendseele	ich werde flügge und will alles mit Spaß lernen und noch wenig Verantwortung tragen müssen
– wie die Erwachsenenseele	ich übernehme jetzt die Verantwortung und möchte die Aufgaben meines Entwicklungszyklus im Griff haben
– wie die Reife Seele	ich möchte jetzt meine Entwicklung des Herzens vorantreiben und bin deshalb ein Systemrebell und Erneuerer

131

– wie die Alte Seele	ich möchte jetzt mein Eingebundensein in meinem Seelenentwicklungszyklus verstehen und mein Wissen darüber weitergeben
– wie die Alte Weise Seele	ich möchte jetzt in Weisheit mit meinen Erfahrungen umgehen und mich auf den Übergang zum nächsten Seelenalters-Zyklus vorbereiten können. Ich brauche viel Ruhe, um alles zu verarbeiten, und ich brauche viel Mut für den neuen Hauptzyklus

In den beiden Entwicklungszyklen der Babyseele und der Alten Weisen Seele laufen die sieben genannten Unterzyklen, wegen der nur geringen Inkarnationsanzahlen, natürlich schneller ab und können deswegen auch von außen kaum ausgemacht werden. Aber für jeden Seelenaltersentwicklungszyklus gilt, daß ihr erst in ihm zu einer Alten Weisen Seelenreife gelangen müßt, bevor ihr ihn verlassen könnt.

Natürlich bedeutet es für eine Jugendseele etwas anderes, wenn sie sich innerhalb ihres Seelenentwicklungszyklus im Unterzyklenstadium der Reifen Seele befindet, als für die Alte Seele z.B.. Mit diesen Beispielen wollen wir euch nur aufzeigen, wie ihr gedanklich weiter mit den Zyklen und Zwischenphasen umgehen könnt, damit ihr eure Mitmenschen, aber auch euch selbst noch besser verstehen und einordnen, und euch damit die Möglichkeit geben könnt, das Beste aus eurer Entwicklung zu machen, aber auch Verständnis für euch zu haben, wenn ihr vielleicht eine Alte Seele seid und euch gerade im Unterzyklusstadium des Jugendseelenalters befindet und trotz eurer Seelenreife Spaß und Freiheit haben wollt und auch tollkühn seid und ewig lachen müßt. Alles das ist für euch wichtig!

Wir wollen euch auch mitgeben, daß ihr euch deswegen bei der Unterscheidung der Seelenalter bei jemandem versehen könnt, weil das Entwicklungsmerkmal des Unterzyklus manchmal stärker ausfällt als der Seelenalterszyklus selbst. Gerade das Beispiel mit der Alten Seele, die sich in der Unterphase des Jugendseelenalters befindet, ist für euer Verständnis gut, weil die Alte Seele wirklich über alles herzlicher lachen kann als die Erwachsenenseele im Jugendseelenunterzyklus z.B., die natürlich den Unterzyklus nicht so ausgeprägt leben kann, weil das Hauptentwicklungsziel der Erwachsenenseele Spaß ablehnt.

Wie gesagt, kein Entwicklungsstadium kann von euch ausgelassen werden. Alle sind gleich wichtig. Keines ist besser oder schlechter als das andere. Alle haben ihre Stärken und Schwächen. Sie können aber von euch schneller und effektiver durchlaufen werden, wenn ihr es euch zum Ziel setzt, zu einer größeren Geistigkeit zu gelangen und auf alles Rücksicht zu nehmen.

Handelt immer nach eurer größten Entwicklungsmöglichkeit, denn nur dadurch könnt ihr den Wachstumsstress, dem ihr in eurer jetzigen Zeit so besonders ausgesetzt seid, erleichtern. Und verbindet euch mit uns, damit die NEUE ZEIT, die Zeit des Friedens, schneller kommen kann.

Die Zwischenphasen

Die Leben zum Ende eines alten und zu Beginn eines neuen Seelenreifezyklus – wenn die Seele sich also in der Zwischenphase befindet – sind besonders schwer. Die Seele hat gelernt, ihren eigenen Entwicklungszyklus zu verstehen, und sie hat gelernt, in ihm gut zu überleben und alles relativ gut im Griff zu haben, und sie möchte sich deshalb in ihm noch ein wenig aufhalten können, bevor sie den nächsten Zyklus anzugehen hat, und sie möchte sich auch gerne ausruhen, das Gelernte verdauen und reflektieren können. Und deswegen schiebt sie in dieser Zwischenphase am liebsten Leben auf der Erde ein, in denen sie Orte und Menschen wählt, die ihr nicht allzuviel abverlangen und dadurch noch mehr ein „Anschauen" des neuen Zyklus mit seinen Anforderungen ermöglichen. Oder sie schiebt eine Warteschleife in unseren innerkosmischen Räumen ein, um von ihren Seelengeschwistern, Familienverbandsführern und auch uns Meisterführern der verschiedensten Ebenen gründlich angeleitet werden zu können, denn sie hat ja auch Angst vor dem, was auf sie zukommt.

Beides ist wichtig für alle Seelen, die ja immer viel Mut und Zuversicht für ihre Reise in den nächsthöheren Seelenalterszyklus brauchen. Für eine Erwachsenenseele, die gelernt hat, Macht auszuüben, ist es nicht gerade leicht, nun den Weg des Herzens zu gehen. In diesen Zwischenphasen kommen deshalb auch gehäuft Depressionen bei euch vor und auch viele Phobien, mit denen ihr euch auseinanderzusetzen habt. Ihr fühlt große Zerrissenheitsgefühle, weil ihr synchron eine Art Stillstand und Vorwärtsbewegung leben müßt.

Alle Erfahrungen sind für die Seele wichtig!

Auch die Erfahrungen, die mit Schuld und Sühne zu tun haben, die ihr am liebsten aus eurem Leben streichen würdet. Aber es ist für jeden von euch wichtig, schuldig geworden oder Opfer gewesen zu sein. Beide Zustände bedingen sich und geben euch die Möglichkeit, als Täter zu verstehen, was einen Täter antreibt, Täter zu werden und was es heißt, Opfer zu sein. Ohne diese Polaritäten könntet ihr nicht lernen, die Umstände, die dazu führten, zu verstehen, euch und den Tätern zu verzeihen und letztendlich zu eurer Liebe zu finden. Ihr würdet ja auch nicht wissen, daß Licht hell ist, wenn ihr nicht den Gegenpol, die Dunkelheit, kennen würdet! Wie gesagt, alle Erfahrungen sind wichtig. Wir beurteilen eine Seele nicht unbedingt mit denselben Maßstäben wie ihr auf der Erde, wir beurteilen sie nach ihrer höchstmöglichen Entwicklungsfähigkeit, und dafür muß sie sich oft in Begleitumstände begeben, die „harte" Erfahrungen bieten und ihr viel abverlangen. Wir wollen aber auch, daß ihr tanzt und singt und lacht und es gut habt, was ihr euch selbst – durch eure Beschleunigungen und den damit erschwerten Lebensbedingungen und eure Unterordnung an die Strukturen der Erwachsenenseelen – bereits abstrittig gemacht habt.

Jeder von euch muß ein OBEN und ein UNTEN kennenlernen und in seine Liebe finden. Dafür sind *alle* s i e b e n Entwicklungszyklen – mit ihren sieben Unterzyklen – für *jede* Seele wichtig. Erst wenn alle Hauptentwicklungszyklen durchlaufen wurden, kann die Seele eine alles umfassende Liebe entwickeln, die dann nicht mehr nur auf sich selbst gerichtet ist, sondern auf die gesamte beseelte Natur auf der Erde und im Kosmos. Und das ist es, was wir wollen.

Seelenalter-Analogien

Wir möchten euch auch wissen lassen, daß das Seelenalter, in dem sich ein Mensch befindet, auch für ihn auf der Erde – analog – eine wichtige Zeit ist.

So empfindet eine Babyseele das Babyalter als seine beste Zeit auf der Erde, die Kindseele die Kindzeit, die Jugendseele ihre Jugend und sofort.

Eine Babyseele erlebt die Babyphase als so besonders, weil sie in ihr noch die Geborgenheit erfahren kann, die für sie so wichtig ist und die sie in den späteren irdischen Entwicklungsphasen nicht mehr hat.

Für die Kindseele ist die Erfahrung in der Kindzeit so intensiv, weil sie in dieser Phase spielen darf, was sie am liebsten macht und was ihre Entwicklung so begünstigt.

Eine Jugendseele wird ihre Jugend als bestes irdisches Alter erleben, weil sie in diesem Alter endlich das Leben mit Spiel und Spannung erproben kann und flügge werden darf – ohne aber allzuviel Verantwortung übernehmen zu müssen.

Eine Erwachsenenseele wird das Erwachsenenalter auf der Erde inbesondere schätzen und auskosten, weil sie nun – wie sie glaubt – alles in der Hand hat und für machbar hält.

Die Reife Seele wird ihr irdisches Reifealter mögen, weil sie nun bereits gelernt hat, die Menschen zu verstehen, und weil ihr das Reifealter die Möglichkeit bietet, alles mit dem Herzen zu betrachten.

Die Alte Seele wird ihr Alter mögen, weil es ihr nun die Möglichkeit bietet, ihre Weisheit zu vervollkommnen und anderen ein Lehrer zu sein.

Die Alte Weise Seele wird ihr hohes irdisches Alter besonders schätzen, weil sie sich da – analog zu ihrer Seelenmüdigkeit – ausruhen kann, sich aber auch mit ihrem Gesamtwissen nun auf die Rückkehr zu ihrer Seelenfamilie vorbereiten kann.

Natürlich sind für die Entwicklung der Seele *alle* irdischen Lebensphasen wichtig, und immer durchzieht das spezifische Seelenalter das ganze Leben, aber als am schönsten werden immer die Zeiten empfunden, die analog zum Seelenalter stehen, weil man in ihnen wirklich zu Hause ist.

Aber noch etwas ist hinzuzufügen: Es gibt auch immer wieder Seelen, die weniger Zeit für ihre Seelenentwicklung benötigen, die gleich einem Klassenprimus bei euch ihre „Schularbeiten" besser und schneller erledigen können als andere. Sie können ihre Hauptseelenentwicklungszyklen schneller nehmen, weil sie Unterzyklen überspringen. Manche tun das häufig und sind dadurch auch in allen Hauptentwicklungszyklen schnell, manche sind nur in speziellen Haupt- und Unterzyklen Vorreiter.

Diese Seelen sind für euch alle als Entwicklungsbeispiel notwendig, damit ihr euch angespornt fühlt. Diese Seelen könnt ihr auch besser als euresgleichen annehmen als die Alte und Alte Weise Seele, weil euch der große Entwicklungsunterschied, der dadurch gegeben ist, daß die Alte und Alte Weise Seele schon so eine große Wissenstiefe beherbergen, oft abschreckt.

Die Seelen, die sich bei euch als „Klassenprimus" hervortun, findet ihr häufig in einer führenden Rolle mit Menschen innerhalb ihres Seelenentwicklungszyklus vor, so wie bei euch ein Klassenprimus ja auch oft eine Rolle als Klassensprecher übernimmt. Es sind Menschen mit einer großen Kraft, die auch oft von Massen derselben Entwicklungsstufe geliebt werden.

Aber auch die Seelen, die nicht so schnell in ihrer Entwicklung voranschreiten und sogenannte „Nachzügler" sind, sind für euch wichtig. Dadurch, daß sie euch bremsen, zwingen sie euch, euch den Problemstellungen eures, aber auch ihres Wachstums zu stellen und auch eurer einzelnen Erfahrungsmöglichkeiten klarer zu werden. Wenn ihr ihnen helft, gelangt ihr auch immer zu großen Siegen über euch selbst.

Wir wollen nun unseren Exkurs durch die Seelenalterszyklen beenden. Wir wissen, daß das Wissen über sie vieles für euch erleichtern wird. Ihr könnt jetzt eure eigene Entwicklung, aber auch die eurer Mitbürger besser einordnen, und ihr könnt jetzt auf einer größeren kosmosoziologischen Ebene eure gesellschaftlichen Strukturen besser verstehen und damit auch besser einordnen.

Ihr sollt aber auch wissen, daß alles im Kosmos einer Bewußtseinsentwicklung unterliegt.

Auch eure Mutter Erde, die mit uns und der Schöpfung über uns einmal darin übereingestimmt hat, euren Seelen eine Heimstatt zu geben, damit ihr sie unter den Erdbedingungen entwickeln und verfeinern könnt, muß diese Seelenentwicklungszyklen durchlaufen.

Wir hatten ja schon gesagt, daß eure Mutter Erde jetzt in den Alte Seelenentwicklungszyklus geht und nun wie eine alte Seele umsorgt werden muß, und daß es ihr schlecht geht, weil sie völlig ausgelaugt ist. Sie hat euch ihr Herz geschenkt und ihr durftet ihren Körper benutzen. Ihr aber habt von beidem Besitz ergriffen und ihren Artenreichtum zerstört und ihr damit ihre Kinder getötet, ihr habt ihr Vergiftungen zugemutet und euch nicht darum gekümmert, wie es ihr geht. Es ist wirklich nicht leicht, für euch weiter eine Liebe zu empfinden.

Im nächsten Kapitel sprechen wir darum von eurer „Mutter Erde" und den „Müttern der Welt", die nun, in der jetzt angebrochenen NEUEN ZEIT, als Alte und Alte Weise Seelen für ihre Erdmutter und Schwester im Geiste sorgen sollen, in dem sie ihr altes Seelenwissen dazu benutzen, um eure und ihre Lebensbedingungen wieder zu verbessern.

TEIL IV
MUTTER ERDE UND „MÜTTER DER WELT”
UND ”VÄTER DER WELT”
(EIN AUFRUF)

Mutter Erde und „Mütter der Welt" und „Väter der Welt"

Eure Mutter Erde hat einmal mit uns übereingestimmt, euren Seelen
– und allen anderen Bewußtseinen, die auf ihr wachsen wollten – eine
Heimstatt für ihre Entwicklung zu geben. Das tut sie, damit ihr über
viele Jahrtausende hinweg zu einer vollen Seelenreife gelangen und
damit euer Gesamtwissen auch der gesamten kosmischen Evolution zur
Verfügung stellen könnt.

Sie fühlt sich zur Zeit durch ihre Ausbeutung durch euch wie eine
Mutter, die ihre Kinder kaum noch säugen und ernähren kann, und sie
sieht deshalb mit größter Sorge der Bewußtheit und Bewußtwerdung
eurer Seelen zu. Doch auch so, wie ihr uns Meisterführer mit guten
Gedanken und Taten der Liebe nährt, fühlt die Erde diejenigen, die es
gut mit ihr meinen, und deshalb hält sie noch aus.

Ihr müßt verstehen, inwiefern alles mit allem verbunden ist, und daß
die Dinge, die im Außen passieren, auch im Inneren passieren und daß
alles so oben wie unten ist; daß alles letztendlich ein Spiegel von allem ist.

Es ist wichtig, daß eure Seelen alt und weise werden, um mit dem
Herzen erkennen zu können, daß Liebe in allem ist, wenn ihr es nur wollt.
Eure Seelen müssen aber auch alt und weise werden, um zu lernen, wie der
Kosmos arbeitet und was der eigentliche Sinn hinter eurer Seelenreise ist.

Hinter allen Dingen steht eine schöpferische Macht, die euch und den
gesamten Kosmos zu einem höheren Bewußtsein führen will. Diese
Urschöpfungsmacht hat es sich zur Aufgabe gemacht, euch nun in euren
jetzigen schwierigen Entwicklungszeiten zu helfen und beizustehen; auch
wenn es eigentlich nicht sehr gut für euch aussieht, weil ihr es selbst
gewesen seid, die die Bedingungen auf der Erde veschlechtert und damit
eure Lebensgrundlage auf wackelige Füße gestellt habt. Aber diese verschlechterten Bedingungen sind nun auch von uns Meisterführern ange-
nommen worden, um euch zu verstehen zu geben, was ihr selbst verursacht habt und was kosmisch verursacht ist. Diese Unterschiede zu

begreifen, fördern nämlich ganz erheblich euren Veränderungswillen. Begreift das Opfer, das die Mutter Erde für euch bringt und wofür sie sich zur Verfügung gestellt hat! Was es für sie bedeutet, daß ihr vielzählige Male auf ihr im eingekörperten Zustand zu leben kommt und daß sie damit euren Seelen die Seelenreifung ermöglicht. Was sie dadurch an Belastung auszuhalten hat. Diesen Belastungen war sie zu Anfang noch gut gewachsen, und sie hatte viel Freude an ihrem Artenreichtum und eurer Rückbindung zum Kosmos.

Doch nun habt ihr sie völlig erschöpft. Ihr habt Kriege auf ihr geführt (und tut das immer noch), ihr habt ihren Artenreichtum grausam minimiert und ihr damit ihre Kinder gestohlen und ihr habt sie ausgeplündert, ohne daran zu denken, daß sie ein lebender Organismus ist und euch eine „große Mutter".

Auch euch Frauen geht es zur Zeit so wie eurer Mutter Erde. Auch ihr dürft kaum noch Mütter sein, und auch ihr seid eurem schnelllebigen und ausgelaugten und mittlerweile auch freudlosen Leben kaum noch gewachsen. Auch ihr werdet in eurem Muttersein kaum noch anerkannt, geliebt und gefördert. Auch ihr habt große Einbußen eurer Schönheit hinnehmen müssen, wie eure Erdmutter, weil die Männer mit ihren Absichten, immer schneller vorankommen und möglichst alle Macht haben zu wollen, vergaßen, daß ihr als Frauen anders seid und so ein Leben nicht durchhalten könnt, ohne krank zu werden. Eure mächtigen Männer (vornehmlich die Erwachsenenseelen und die Reifen Seelen in den Anfangsstadien) haben es erreicht, eure soziologischen Strukturen dahingehend zu verändern, daß das Leben sie bedient und daß das Weibliche in euch fast völlig verdrängt werden konnte. Ihr Frauen mußtet deshalb in eine Überanpassung gehen, damit ihr überhaupt überlebt. Das Schlimme daran ist, daß ihr das noch nicht einmal mehr merkt. Daß ihr euren Zustand, die Art, wie ihr lebt, als „normal" empfindet und euren Preis nicht seht, den ihr bezahlt. (Darauf werde ich in MORGENSTERN II noch näher eingehen, um eure Heilung zu beschleunigen, aber auch um

142

eure Augen zu öffnen. Letzteres ist wichtig, damit bei euch eine Veränderung und damit eine Heilung überhaupt stattfinden kann.)

Es liegt in eurer Hand, ob die Erde durchhält und sich nun in ihrem Alte Seelenzyklus wieder erholen darf. Es geht jetzt wirklich um ihren und euren Untergang oder ums Überleben (sowie auch um den Untergang oder das Überleben des weiblichen Prinzips auf eurem Planeten allgemein). Da die Erde ein Lebewesen ist, das jede Tat wahrnimmt – jede gute und jede schlechte –, ist es wichtig, daß ihr Gutes für sie tut, denn das hilft ihr, weiterzumachen und sich zu erneuern. So wie die Liebe der Kinder auch für das Überleben der Mütter bei euch Menschen von größter Wichtigkeit ist, und erst recht, wenn sie älter werden und krank, so hilft der Erde auch eure Fürsorge, die ihr dadurch erweist, daß ihr überlegt, wie ihr sie pfleglicher behandelt. Findet neue und wirklich ökologische Strukturen. Ihr müßt eure Welt auch wieder verlangsamen, denn nur dadurch könnt ihr eure Überbevölkerung in den Griff bekommen, denn dann müssen sich die jungen Seelen nicht mehr so überstürzt inkarnieren, um ihre Seelenreise durch die Seelenalterszyklen doch noch schaffen zu können. Dafür müssen sich aber vor allen Dingen die Männer ändern, und das können sie nur, indem auch sie ihr Herz dafür öffnen, was eure Mutter Erde für euch leistet und welche Verpflichtung sie für euch eingegangen ist. Seht ihr das mit dem Herzen, ihr Männer und Frauen, dann könnt ihr eurer Erdmutter auch nichts mehr antun, und ihr werdet dann ganz von selbst damit beginnen, alle eure Wünsche und Begierden auch nach ihrem Wohl zu befragen.

Haltet für eure Erdmutter auch Zeremonien ab, die ihr guttun (einige von euch machen das ja bereits). Gründet dafür Stätten – eine Art Shamballah auf Erden – die von allen aufgesucht werden können und dafür immer bereit stehen. Lernt, euch mit ihrem Geist zu verbinden und mit ihr zu reden.

Die Erde wird seit Anbeginn von den „Hütern der Erde" gestützt, von denen einige auch auf ihr gelebt haben, sich aber seit Atlantis auf die ätherische Ebene des Erdinneren, nach Shamballah – wie ihr es nennt, dabei gibt es noch viele Stätten mit anderen Namen – zurückbegeben haben, weil ihr ihr Wissen nicht mehr haben wolltet. Sie haben sich damals dafür zur Verfügung gestellt, dort zu warten, bis die Menschen reif geworden sind, sie wieder erkennen zu wollen und ihr Wissen wieder anzunehmen. Zur Zeit sind diese Hüter damit beschäftigt, eurer Erdmutter Kraft zu geben, um ihre Kinder doch noch nähren zu können und auch auf ihrer seelischen Ebene durchzuhalten.

Und so wie die „Hüter der Erde" der Mutter Erde Kraft geben, so sollen jetzt in der NEUEN ZEIT die „Mütter der Welt" den Menschen Kraft geben, die die Beschleunigung der Erde nicht mehr aushalten können. Wir sagten ja schon, daß diese Beschleunigung einerseits eine kosmisch verursachte Beschleunigung für eure allgemeine Bewußtseinserhöhung ist, daß ihr aber eine weitere Beschleunigung hinzugefügt habt, weil ihr durch eure schnellebige und egozentrische Lebensart eure natürlichen Lebensgrundlagen insgesamt verschlechtert habt. Da nun aber auch – durch die von der Urschöpfung verursachte höhere Schwingungsfrequenz – die Schleier immer durchlässiger werden, die die verschiedenen Dimensionen bisher voneinander trennten, und ihr deshalb immer mehr mit den Bewußtseinen, z.B. denen der anderen Gestirne, in Berührung kommt, die ihr bis jetzt nicht oder nur ab und zu einmal sehen konntet, werden insbesondere diejenigen Menschen in eine große Verwirrtheit geraten, denen es jetzt bereits schlecht geht und die auch noch keine Rückbindung zu uns haben wie die Alten und die Alten Weisen Seelen.

Die „Mütter der Welt" sollen in den Menschen das Bewußtsein für die Mutter Erde wieder wecken, damit sie sich erneuern und erholen kann; soweit das noch geht, nachdem ihr sie fast vollständig aller ihrer Schönheit beraubt habt.

Zur Zeit geht in allen diesen bereits von uns ausgebildeten zukünftigen „Müttern der Welt" eine große Wandlung vor, sowie auch in den anderen Alten und Alten Weisen Seelen, die jetzt bereits ahnen, daß etwas getan werden muß. Nach dieser Wandlung werden sie aber wissen, was zu tun ist. Es liegt wirklich an euch, ob die Erde durchhält oder nicht und ob sie sich erneuern kann. Es werden bald unzählige Hilfsstellen für die Erde gegründet werden, damit sie heilen kann. Die Alten und Alten Weisen Seelen werden dann aus ihrem Ur-Urwissen heraus wissen, was zu tun ist und ihre Hilfe dafür anbieten können.

Aber es werden in der kommenden Zeit nicht nur die „Mütter der Welt" der Erde einen neuen Anstrich geben. Zur Zeit werden von uns auch die „Väter der Welt" dafür ausgebildet, den „Müttern der Welt" beizustehen, damit ihre Worte bei denen, die nicht hören wollen und glauben, daß alles so weitergehen kann wie bisher, doch noch Gehör finden. Ihr wißt ja, daß eine Männerstimme noch immer mehr Gehör findet als eine Frauenstimme; zumindest jetzt noch.

Die „Mütter der Welt", die jetzt noch in ihren letzten Schlafzügen liegen und kurz vorm Aufwachen sind, werden dann, wenn sie aufgewacht sind, zu den anderen „Müttern der Welt" über die ganze Erde hinweg Kontakt aufnehmen. Sie werden Konferenzen schalten, um zu sehen, was sie machen müssen, um die Menschheit insgesamt retten zu können, die so verwirrt ist, weil sie die Beschleunigung und die Umweltbedingungen nicht mehr aushalten kann und weil sie nicht darauf vorbereitet wurde, daß sich nun die verschiedenen Bewußtseine im Kosmos annähern müssen; daß das ein Teil eurer Bewußtseinserhöhung ist. Eure selbstgemachten Religionen mit ihrem die Menschen verherrlichendem Weltbild haben es erreicht, daß für euch nur die sichtbaren Dinge auf der Erde existieren und nur der Mensch wichtig ist; daß alles andere negiert wird und die verhöhnt werden, die bereits besser wissen, weil sie Alte und Alte Weise Seelen sind.

Die Alten und Alten Weisen Seelen wissen bereits aus ihren vergangenen Leben in den verschiedensten Kulturen, was es bedeutet, wenn sich eine Kultur auf ihrem Höhepunkt befindet, aber auch versinkt.

Darum werden sie auch wissen, was zu tun ist, um das dieses Mal zu verhindern. Ihr werdet nun auch den „Hütern der Erde" mit ihren Meistern wieder näherkommen und auch ihnen dabei helfen, die Erde zu unterstützen und zu schützen; ihnen kommt ihr ja bereits schon durch eure Gebete, Meditationen und eure schamanischen Reisen näher, die ganz erheblich daran beteiligt sind, daß auch sie sich euch wieder annähern wollen. Und denkt daran, was es für die Meister bedeutet, wenn ihr es schafft, ein Shamballah auf Erden zu errichten; welch eine Freude es für sie ist, wenn ihr damit auch ihre Arbeit krönt und unter die Menschen bringt und damit das Bewußtsein der Allgemeinheit immer mehr auf sie gerichtet wird!

Eure Mutter Erde ist ein wundervoller und wunderschöner Planet, der eurer Seele die Möglichkeit gibt, durch Freude und Leid erwachsen, alt und weise zu werden. Das ist wichtig, damit ihr die späteren Bedingungen versteht, die der Kosmos für euch bereithält, wenn ihr für immer in euren Seelenfamilienverband zurückgekehrt seid und euer Menschenbewußtsein weiter wachsen lassen und noch mehr erhöhen müßt.

Wir wollen, daß ihr eines Tages wieder in das Paradies zurückkehrt, das ihr einmal verlassen habt, um Menschenbewußtsein zu erlernen. Ihr durftet nicht im Paradies verbleiben, weil ihr wie kleine unschuldige Kinder ward. Im Kosmos war für euch immer Liebe da, aber ihr seid wie schlafende Bewußtseinsfunken gewesen, die sich weiterhin schlafend gestellt hätten. Doch das lag nie im Interesse der Schöpfung. Die Schöpfung will eure größtmögliche Bewußtheit. Um eine Bewußtheit für Liebe zu entwickeln, mußtet ihr aber inkarnieren.
Wir wollen aber nicht, daß ihr eine völlig ausgelaugte Erde zurücklaßt. Wir wollen, daß ihr – jetzt in der NEUEN ZEIT – nicht mehr die Erde ausbeutet, sondern daß ihr sie in aller Bewußtheit schützt, liebt und ehrt und versteht, wozu sie da ist.

Zur Zeit erkennen das bei euch noch nicht viele. Aber diejenigen, die das schon erkannt haben, helfen der Erde auch dadurch, daß sie sie mit guten Gedanken unterstützen und sich umweltschonend verhalten und für sie auch in Organisationen kämpfen. Aber jetzt sollt ihr verstehen, daß ihr zu uns in eurer Liebe für die Erde in Verbindung treten sollt, daß wir, die Meisterführer, als Ausführungsorgan für die „Hüter der Menschheit" und die darüberliegenden Schöpfungsebenen, daran interessiert sind, mit euch zusammenzuarbeiten. Wir wollen, daß ihr die Erde genauso schützt und liebt, wie wir sie mit unserer ganzen Seele schützen und lieben, weil sie so wunderschön und eine große Mutter ist. Dafür war es wichtig, euch von den Seelenaltern zu erzählen, damit ihr versteht, daß es eure Erdmutter ist, die eure Seelenreifung erst ermöglicht.

Wie schon gesagt: Die Erde fühlt sich wie eine verbrauchte Mutter. Sie besitzt nicht mehr die alte Schwingungsfrequenz, die sie einmal in ihrer vollen Schönheit besaß. Sie braucht euch, um sich wieder erholen und aufrichten zu können, und sie braucht auch uns, um das mit euch zusammen zu tun und euch vieles bewußt zu machen.

Um das zu können, müßt ihr aber erst einmal erkennen, worin die Verletzungen und der Mißbrauch der Erde begründet sind.

Wir haben bereits die Macht und die Habgier genannt. Doch wir müssen es noch einmal beim Namen nennen, daß die Männer die Hauptverursacher dieser Probleme sind. Und wir wissen, daß sie gerade durch eure Überbevölkerung noch stärker werden konnten.

In der Sprache der Elemente, die wir so gerne benutzen, erklärt sich das so: Es war gedacht, die Männer so stark zu machen, damit sich die Energien des Feuers und der Luft, deren Träger sie hauptsächlich sind, verbreiten können.

Doch wie Prometheus in eurem Mythos spielen die Männer mit diesen ihnen ausgeteilten Kräften und setzen sie nicht richtig – zum Wohle der Menschheit – ein. Sie benutzen sie für Kriege und falsche, egozentrische Gedanken.

Doch wenn es zu einem Elementenmißbrauch kommt, kommt es auch immer zu Aufruhr, Ungleichgewicht, Unterdrückung und Krankheit. Feuer- und Luftelemente-Übergewicht bedeuten Gewalt und schlechte Gedanken.

Ihr Frauen seid diejenigen, die die Elemente der Erde und des Wassers hauptsächlich in sich tragen. Doch nun ist bei euch eine große Verschiebung eingetreten. Heute werden die Kräfte der Erde und des Wassers bei euch kaum noch geschätzt, die für Geborgenheit und Gefühle stehen. Statt dessen seid auch ihr Frauen daran interessiert, euch anzupassen und die männlichen Kräfte von Feuer und Luft (negativ) zu benutzen, damit ihr der Männerwelt überhaupt noch standhalten könnt.

Aber das geht nicht gut!

Verzerrungen sind nie gesund. Und so seid auch ihr nicht mehr die Frauen von einst, die große Mutter- und Priesterfiguren waren und auf die man noch hörte. Versteht, daß ihr wieder solche Mutter-und Priesterfiguren werden müßt, insbesondere ihr „Mütter der Welt", und daß ihr durch eure bisherige Anpassung ganz erheblich zu einer weiteren Beschleunigung und Ausbeutung der Erde beigetragen habt.

Die Frauen, die wir als „Mütter der Welt" bezeichnen und bereits dafür ausgebildet haben – auch wenn sie davon auf bewußter Ebene noch nichts wissen oder ihren Ahnungen noch keinen Glauben schenken wollen –, werden jedoch schon bald verkünden, daß jetzt Schluß sein muß mit den Männern, die die Welt beherrschen und benutzen. Und diejenigen Frauen, die jetzt noch mehr in der Anpassung stecken, werden dann wissen, daß die „Mütter der Welt" recht haben, und sich mit ihnen zusammentun und von ihnen lernen und ihnen auch helfen, die Welt zu verändern.

Wir hatten ja schon mehrfach darauf hingewiesen, daß die Alten und Alten Weisen Seelen bereits in den alten Kulturen, wie die der Ägypter und der Mayas z.B., ihre Erfahrungen machen durften und dort deren Blütezeiten sowie auch ihre Untergänge am eigenen Leib erfahren mußten. Viele der heute Alten Weisen Seelen waren damals bereits Reife Seelen. Die zur Zeit noch jüngeren Seelen haben dagegen ihre Reise erst in neuerer Zeit begonnen, und sie haben dementsprechend bis jetzt andere Erfahrungen gemacht und Kulturuntergänge noch nicht mitmachen müssen.

Doch die Alten und Alten Weisen Seelen sind nun für die NEUE ZEIT wichtig, weil nur sie das Wissen in sich tragen, wie mit der Veränderung und den Schwierigkeiten umgegangen werden kann; wie man die Erde, aber auch die Menschheit, heilen kann.

Zur Zeit schlafen die meisten dieser Alten und Alten Weisen Seelen noch. Aber einige werden bereits wach und sehen sich nach langem Schlaf blinzelnd um. Einige wissen auch schon davon, daß sie die „Mütter der Welt" sein sollen und reden auch schon davon. Sie wissen aber trotzdem noch nicht, in welchem Zusammenhang ihre Stellung zu sehen ist und wie sie „Mütter der Welt" sein können. Ihr Wecker – der Imprint des kosmischen Codes für die NEUE ZEIT – wird sie alle zusammen zur selben Zeit sich ihrer Aufgabe bewußt werden lassen. Sie werden sich plötzlich daran erinnern, wozu sie da sind, und je nach ihrer archetypischen Seelenstruktur werden sie dann wissen, wo sie gebraucht werden, und ihre ureigensten Fähigkeiten dann auch richtig einsetzen. Sie werden sich oft für die Sparten einsetzen, in denen sie bereits schon tätig sind oder durch die sie leiden, aber dann werden sie das auf eine völlig andere Weise als bisher tun. Dafür muß aber erst einmal eine große Heilung ihrer verletzten Gefühle stattfinden und eine Einsicht in ihre Stellung als große Mütter durch ihre Inkarnationen hindurch, in denen diese Stellung immer wieder verleugnet und verletzt wurde – und wie das zu gehen hat, das erklären wir euch auch in MORGENSTERN II.

Wir, die Meisterführerinnen und -führer, werden dann endlich auch aufleben können, denn unsere Worte werden von diesen genannten

Seelen dann wie das gesprochene Wort gehört werden, und unsere fast körperliche Präsenz, die wir durch unsere Verdichtung erreichen können, wird dann auch vermehrt wahrgenommen werden können, und auch die Aufgestiegenen Meister werden sich dann wieder vermehrt unter euch begeben, und einige tun das auch bereits.

Diejenigen, unter euch, die schon wacher sind und bereits ahnen, daß sie als „Mütter"- und „Väter der Welt" eine Aufgabe haben, treten zu uns ja schon mit großer Freude in Verbindung und veranstalten bereits Heilungszeremonien für die Erde. Ihr Wissen muß nun, wenn sie ganz wach werden und auch die anderen „Mütter"- und Väter der Welt" aufwachen, wie ein Lauffeuer um sich greifen und dann auch von den übrigen Seelen, nicht nur von den Alten und Alten Weisen Seelen, aufgenommen und verbreitet werden. Daß das geschieht, ist wichtig, damit sich die Alten und Alten Weisen Seelen in ihrem Auftrag gestärkt fühlen, denn dieser Auftrag ist ein Auftrag, den sie zu leisten bereits vor vielen Inkarnationen versprochen hatten, nämlich die Erde beim Übergang in das neue kosmische Zeitalter, in das jetzt bereits angebrochene **„Zeitalter des Friedens",** zu stärken und sich denen mit Mut zu stellen, die sich als Verursacher von Zerstörung und Unfrieden nicht sehen und damit auch keine Veränderung vornehmen wollen.

Versteht, daß eure Erde bereits so ausgelaugt ist, daß sie nicht mehr viel Natur-Raum und Zeit zur Verfügung hat, um ihr Versprechen einzulösen, allen Seelen auf ihr unbegrenzte Wachstumsmöglichkeiten zu bieten. Auch sie hat unter der normalen Schwingungserhöhung schon zu leiden; so wie auch ihr. Da sie aber eine ausgelaugte und ausgeplünderte Erde ist, ist sie den Stressanforderungen – auch wie ihr – nun fast gänzlich ausgeliefert.

Eure Schwingung erhöhen heißt, eure Seelenentwicklung schnell voranzutreiben, damit ihr euer Schulpensum als Menschheit insgesamt noch schafft. Wir hatten ja bereits gesagt, daß die Erde eine Reife Seele ist, die sich jetzt im Übergang zum Alten Seelenalter befindet. Ihr habt also nur noch die beiden Erdseelenentwicklungszyklen der Alten und einen Teil der Alten Weisen Seele zur Verfügung, um euch zu verändern, weil später ja noch die Naturgeister – wie wir es bereits sagten – in und auf ihr verstärkt zu leben kommen sollen. Da deswegen aber mittlerweile alle restlichen bis dahin in den kosmischen Räumen verbliebenen Menschenseelen bereits ihre Ausschüttung auf die Erde erlebt haben, hat sich eure Situation und die Situation eurer Erdmutter durch die damit verbundene Bevölkerungsdichte und Ausbeutung eurer Natur noch mehr verschlechtert.

Auch die anderen Seelen, wie die Pflanzen- und die Tierseelen z.B., sind bereits alle ausgeschüttet worden. Durch eure Ausrottungsorgien aber konnte ihre Population nie so anwachsen wie eure und noch schlimmer, viele Arten wurden bereits ganz vernichtet.

Es ist für eure Erde wichtig, daß sie sich nun ausruhen und ihren Schmerz über ihre Verluste besänftigen kann und sich auch ihrer eigenen Schwingungserhöhung, zur Erhöhung ihres eigenen kosmischen Bewußtseins, widmen kann. Und das ist wichtig, damit auch sie ihre beiden letzten Seelenalterszyklen noch schafft.

Zur Heilung der Mutter Erde ist darum insbesondere das weibliche, mütterliche Prinzip notwendig, denn als selbst Betroffene könnt ihr Frauen eurer Erdmutter ganz besonders nachfühlen und erspüren, was sie durchmacht. Deshalb setzen wir unsere ganze Hoffnung in die „Mütter der Welt", die wir einmal für die jetzt begonnene NEUE ZEIT ausgebildet haben und die sich jetzt fertigmachen für das weibliche Abenteuer, in der NEUEN ZEIT das weibliche Prinzip zu stärken und damit die Wunden zu heilen, die euch selbst und eurer Natur zugefügt worden sind. Aber wir setzen auch unsere Hoffnung in die Männer, die wir als „Väter der Welt" ausgesucht haben, damit sie den Frauen den Rücken stärken.

Zum Schluß möchten wir euch noch sagen, daß die kommende Zeit eine große Chance in sich birgt, neu und heil und bewußt zu werden, und daß alles gut wird, wenn ihr alles mit uns zusammen in Liebe angeht. Denkt immer daran, wir stehen euch bei! Verbindet euch mit uns! Ihr seid nicht allein!

Aber ihr müßt euch verändern wollen und vor allem in eure Liebe kommen und sie auch leben!

AMEN

Das Buch

MORGENSTERN II

von derselben Autorin
erscheint im Frühjahr 2000

im

ch.falk-verlag

Von der Autorin

erscheint im Jahn & Ernst Verlag, außerdem im Herbst '99
das Buch

„Wirklich immer Allergien?"

- Erfahrungen aus einer multidimensionalen Praxis -

ISBN 3-89407-235-0

In diesem Selbsthilfebuch geht es vorrangig um die Heilung von
Umweltkrankheiten und Innenweltvergiftung und die pharmakolo-
gischen und allergenen Wirkungen von Nahrungsmitteln.
Ausführlich werden zudem Krankheiten abgefaßt, die durch psychischen Streß entstehen. Aber auch schamanische Einsichten und
Geistheilung bleiben in diesem vielseitigen Buch nicht
unerwähnt.

Verlags- und Bestelladresse: Knoopstraße 8, 21073 Hamburg
Tel.: 0 40/7 65 35 39 • Fax: 0 40/77 89 44

Wir empfehlen in diesem Zusammenhang
aus unserem Programm
ganz besonders
die Bücher von Bartholomew:

Bartholomew's Lachende Weisheit 1
ISBN 3-924161-29-1

Bartholomew's Lachende Weisheit 2
ISBN 3-924161-34-8

Bartholomew's Lachende Weisheit 3
Erwachen vom Traum
ISBN 3-924161-56-9

Reisen mit Bartholomew
ISBN 3-89568-023-0

erschienen im

ch. falk verlag